Hilda Nowotny

LA MEDITAZIONE DEGLI ORGANI

Per ritrovare salute, armonia e rigenerare il corpo e la mente

EDIZIONI
IL PUNTO
D'INCONTRO

I consigli contenuti in questo libro sono stati ponderati e analizzati con attenzione. Tuttavia, non intendono essere in alcun modo un'alternativa a un consulto medico competente, ma servono solo a stimolare e invitare all'attivazione delle forze di autoguarigione. Di conseguenza, tutte le indicazioni ivi contenute sono da considerarsi prive di qualsivoglia garanzia di successo da parte dell'autrice o della casa editrice. Si esclude ogni responsabilità dell'autrice e/o della casa editrice e rispettivi collaboratori in caso di danni a persone, cose e patrimonio.

Hilda Nowotny
La meditazione degli organi
Titolo originale: *Heilsame Organmeditation für Gesundheit, Harmonie und Regeneration*
Traduzione di Simone Crestanello

Prima edizione originale pubblicata nel 2016 da Schirner Verlag
Prima edizione italiana pubblicata nell'ottobre 2017 da Edizioni Il Punto d'Incontro s.a.s., via Zamenhof 685, 36100 Vicenza, tel. 0444239189, fax 0444239266, www.edizionilpuntodincontro.it
Finito di stampare nell'ottobre 2017 presso la tipografia CTO, via Corbetta 9, Vicenza.

ISBN 978-88-6820-451-8

Indice

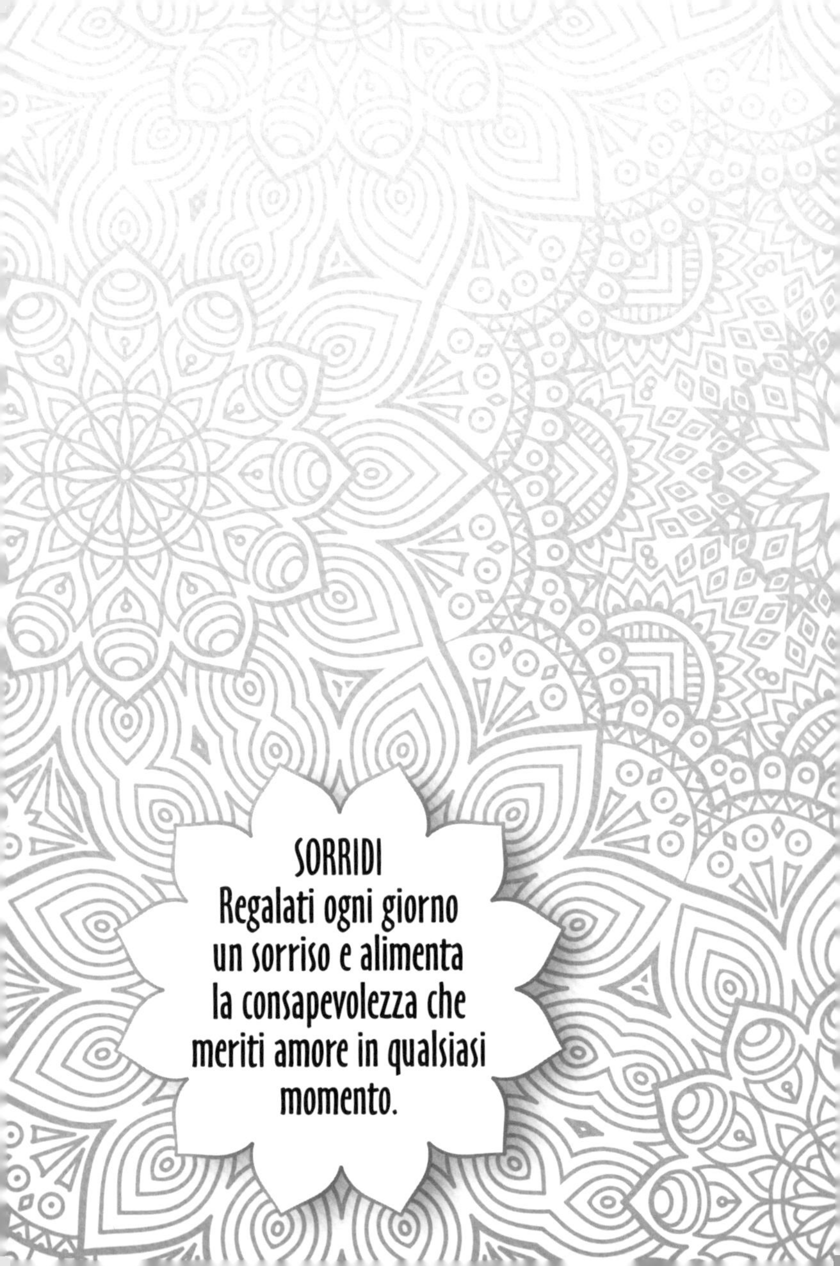

SORRIDI

Regalati ogni giorno un sorriso e alimenta la consapevolezza che meriti amore in qualsiasi momento.

Prefazione

Cara lettrice, caro lettore,
in questo manuale troverai vari esercizi per aver cura e mantenere in salute i tuoi organi. Gli esercizi fondamentali per ogni singolo organo sono stati concepiti nel modo in cui sono descritti e sono consolidati da decenni.

Con questo manuale potrai concentrarti direttamente e immediatamente sull'organo che più ti interessa; non avrai bisogno di cercare la descrizione degli esercizi in altre fonti perché tutto ciò che ti serve per prendertene cura è già fornito in modo chiaro e completo. Prima di dedicarti a un organo, tuttavia, ti consiglio di leggere attentamente l'introduzione e tutte le note sullo svolgimento degli esercizi in modo da conoscere i vari aspetti che la pratica chiama in causa. Ovviamente, torna a leggere quelle righe ogni volta che ne dovessi sentire la necessità. Sebbene per ogni organo il metodo proposto sia molto simile, nella pratica scoprirai che ci sono nette differenze che derivano dall'unicità di ciascun organo: infatti, ognuno di essi ha la propria funzione, condizioni di salute diverse e sensazioni differenti. Lo stesso esercizio, per esempio per la tiroide e l'intestino, potrà farti provare sensazioni completamente diverse. Anche se l'esercizio per un organo è identico a quello per un altro, ciascuno di essi, e soprattutto la connessione che creerai con ciascun organo del tuo corpo, saranno totalmente diversi e unici.

In generale, gli esercizi si suddividono in tre tipologie: la meditazione fisica, l'armonizzazione e la visualizzazione. Ciascuna di esse permette più varianti, pertanto potrai scegliere quella che più si addice al tuo corpo o provarle in alternanza per rendere la pratica più stimolante. Il mio consiglio è di non scegliere l'esercizio più adatto limitandoti a leggerne la descrizione, ma di provare tutte le varianti proposte per poi decidere con consapevolezza. Ricorda che ripetere sempre lo stesso esercizio semplifica la pratica, rafforza l'efficacia e approfondisce l'esperienza.

Spero che gli esercizi proposti possano servirti da base di partenza per imparare a trattare con cura il tuo corpo e i tuoi organi e che possano diventare parte integrante della tua quotidianità e del tuo amore verso te stesso. Anche se questi esercizi sono di per sé completi, potranno darti l'ispirazione per sviluppare altre idee e per adattarli alle tue esigenze e ai tuoi desideri.

Introduzione

Il corpo e tutti i suoi organi rappresentano un intero universo. Con questo breve manuale vorrei invitarti a scoprire questo universo, a scoprire il tuo corpo, per imparare ad alimentare e prenderti cura dei tuoi organi e di rinforzarne la capacità rigenerativa. In questo viaggio sarai accompagnato da un amico importante: il tuo respiro. Spero che il manuale possa servirti da guida e ispirazione lungo questo cammino e possa aprirti a una visione diversa del tuo corpo, rendendoti consapevole del valore dei tuoi organi interni.

Gli organi sono parte del nostro corpo e, nel migliore dei casi, funzionano autonomamente senza nemmeno che ce ne accorgiamo. Eppure sono sensibili e reattivi alle disarmonie, sono collegati al nostro respiro, alle emozioni e ai pensieri e reagiscono alle sollecitazioni esterne e interne che ci destabilizzano. Sensazioni che proviamo, per esempio, quando lo stress colpisce il nostro stomaco o quando l'ira va a sovraffaticare la cistifellea.

Chiediti se ti è già successo di pensare amorevolmente a uno dei tuoi organi o di appoggiare volutamente una mano in corrispondenza di un organo interno con l'intento di fargli percepire la tua attenzione. Probabilmente non l'hai ancora mai fatto, perché nella maggior parte dei casi percepiamo la presenza dei nostri organi solo nel momento in cui sentiamo dolore o fastidio a causa di una malattia o di un disturbo. È giunta l'ora di cambiare approccio: dona tutta la tua attenzione agli organi e al loro straordinario lavoro per il benessere tuo e del tuo corpo grazie ai seguenti esercizi! Nei prossimi capitoli non tratterò questa tematica dal punto di vista medico, psicosomatico o psicologico; il mio obiettivo è di prendermi cura degli organi tramite le risorse spirituali ed energetiche di cui disponiamo stimolando così la salute del nostro spirito. Gli organi ti ringrazieranno della tua dedizione e le risorse spirituali tramite le quali possiamo intervenire sul nostro organismo sono enormi. Ci tengo davvero molto, pertanto, a invitarti ad attivare le tue fonti di energia interiori e a sfruttare in modo semplice le molte risorse che hai dentro di te.

Le questioni fondamentali sono:

- Come posso aiutare i miei organi interni affinché continuino a lavorare per il mio benessere?
- Che cosa mi aiuta a mantenere gli organi sani, vitali e funzionanti?
- Come posso prendermi cura dei miei organi per stimolarli a rigenerarsi?
- Che cosa posso fare per stimolare il processo di guarigione di un organo ammalato?

Ridurre lo stress è una risposta percorribile ed efficace a questi quesiti. Ma è sempre possibile? Anche tenere meglio sotto controllo le proprie emozioni e lasciarle sfogare in modo adeguato senza reprimerle è una risposta sensata, ma è sempre possibile? Conosciamo le nostre emozioni sufficientemente bene da saperle gestire sempre in modo consapevole?

Naturalmente ridurre lo stress o imparare a controllare consapevolmente le proprie emozioni è un passo molto importante, ma questo non ci permetterà di tenere lontani gli influssi negativi più vari che colpiscono il nostro corpo. Molti pensieri e schemi mentali negativi e distruttivi sono insiti in noi, ma non ne siamo sempre consapevoli e permettiamo loro di agire incontrollatamente influenzando il nostro intero organismo. Anche predisposizioni genetiche, un'alimentazione non sana, patologie o altri eventi possono gravare sul nostro corpo. È impossibile sottrarsi a tutti i fattori che rompono l'armonia del corpo e dei suoi organi, ma possiamo contrastarli in qualche modo. È un po' come lavarsi i denti: mangiando e bevendo sporchiamo i denti, ma lavarli con cura ci permette di mantenerli il più possibile sani e forti. Pertanto, la cura dei nostri denti non inizia dopo che si è avverato il danno, ma ogni giorno in cui veniamo educati ad averne rispetto – e sappiamo tutti che ne vale la pena. Perché dovremmo limitarci, quindi, a tenere in considerazione solo i denti? Iniziamo a prenderci cura di tutti i nostri organi, che possiamo mantenere vitali e sani solo con una dedizione costante e amorevole, proprio come le piante.

Personalmente ho iniziato a sviluppare questi esercizi guaritori all'inizio degli anni Novanta, mentre cercavo di curarmi da una malattia grave che sembrava non volermi lasciare troppe speranze, visto che il mio corpo rigettava i medicinali allopatici e non mi permetteva, quindi, di seguire le cure mediche tradizionali. Per questo motivo mi misi alla ricerca di un metodo di cura individuale, che trovai nel percorso di guarigione interno e nella medicina naturale che ancor oggi sto percorrendo. Da allora, ogni giorno agisco attivamente per la mia salute. Mentre ero ammalata incontrai una persona davvero speciale, il tanto compianto Hans Wüste, che da medium e canale era entrato in contatto con l'angelo custode dell'uomo: devo proprio a lui il primo approccio a questo tipo di attenzione alla mia salute. Era un canale meraviglioso; in una seduta mi disse una frase semplice, ma davvero potente: "L'uomo è molto più del suo corpo". Questa verità mi spinse a lavorare su me stessa attraverso le mie forze interiori. A essere sincera, in quella seduta mi sentii chiamata per la prima volta ad autoguarirmi puntando esclusivamente sulla mia forza interiore e a entrare in comunicazione con il mio angelo. Iniziò così un percorso ambizioso e costellato da infinite sfide e insidie lungo il quale imparai ad aver fiducia della forza di guarigione interiore e della guida che è dentro di noi.

La malattia non deve essere necessariamente un nemico. La malattia fa parte dell'essere umano ed è un maestro sulla via verso noi stessi. La malattia è una chiamata a occuparci di noi stessi e del nostro corpo in modo amorevole.

Gli esercizi che presento in questo breve manuale mirano a rigenerare, mantenere sani e in armonia gli organi sostenendoli nel loro processo di guarigione in caso di malattia. Nella meditazione fisica, nell'armonizzazione e nella visualizzazione sfruttiamo le nostre risorse interne in modo semplice ma efficace.* Inoltre faremo ricorso a un mezzo estremamente potente: la respirazione. Con il suo aiuto raggiungeremo un livello vibrazionale più fine movimentando le nostre risorse e lasciandole agire in profondità. Già una respirazione consapevole è sufficiente per rilassare e distendere il nostro corpo. Conciliando la respirazione con pensieri guaritori, l'armonizzazione e le immagini impareremo anche a gestire i nostri organi in modo mirato e attento. In questo breve manuale ti indicherò un modo per prenderti cura degli organi contrastando la negatività di alcuni pensieri, emozioni e influssi esterni, che ho sviluppato sulla base della mia esperienza decennale nell'ambito della respirazione, del lavoro fisico, della meditazione guaritrice e della visualizzazione. Una base sicura mi è data anche dalla lun-

---

* Sulla gestione armoniosa del dolore e della malattia trovi un capitolo sulla "meditazione guaritrice basata sulla respirazione" nella mia opera *Heilsames Atmen* (opera non ancora edita in lingua italiana).

ga formazione sulla terapia del respiro e del corpo che ho seguito e dai molti anni da cui pratico come terapeuta del respiro.

Effetto e possibili reazioni

Gli esercizi rilassano, ravvivano, rinforzano e attivano le forze di autoguarigione, in modo tale che i nostri organi possano rigenerarsi, fare il pieno di energia e ritrovare l'armonia. Il loro effetto sul nostro organismo può essere liberatorio e depurante. L'esercizio può fare riaffiorare emozioni memorizzate dall'organo in un momento precedente e riportate ora in superficie dalla memoria del nostro corpo. Possono materializzarsi anche immagini spontanee che rendono visibile il processo interiore o mettono in moto altri processi. Se dovessi affrontare sensazioni spiacevoli, non lasciarti intimorire ma accettale come un'occasione di depurazione da cogliere al volo. Il tuo organo potrebbe ricordare malattie pregresse facendotene rivivere le sensazioni: non preoccuparti, anche questo può fare parte di un profondo processo di guarigione. Le immagini interiori sono una forma di comunicazione tra il tuo corpo e te stesso, e tu puoi imparare a capire questa lingua.

Tuttavia, se hai la sensazione che uno dei tuoi organi soffra di qualche disturbo di salute, richiedi sempre il parere di un medico. Trattati con rispetto, e fa' attenzione ai tuoi limiti mentre esegui gli esercizi. Se senti un forte senso di fastidio, fermati e concentrati: forse la respirazione consapevole di aiuterà a liberarti dal fastidio, altrimenti interrompi l'esercizio e sorridi nuovamente con amorevolezza al tuo corpo prima di tornare alla routine quotidiana (passo 4 della meditazione fisica). Tralascia gli organi con i quali non ti senti a tuo agio: ti riavvicinerai a loro con calma in un altro momento. I nostri organi sanno cosa devono fare per il nostro bene; il nostro compito consiste nel mantenerli in forma, rinforzarli, stimolarli e prendercene cura affinché possano davvero svolgere queste importanti funzioni. Concentrando la nostra attenzione su uno dei nostri organi in modo consapevole e amorevole creiamo una risonanza guaritrice e armonizzante in essi e in noi stessi. Che questi esercizi possano essere una benedizione per te e il tuo intero corpo.

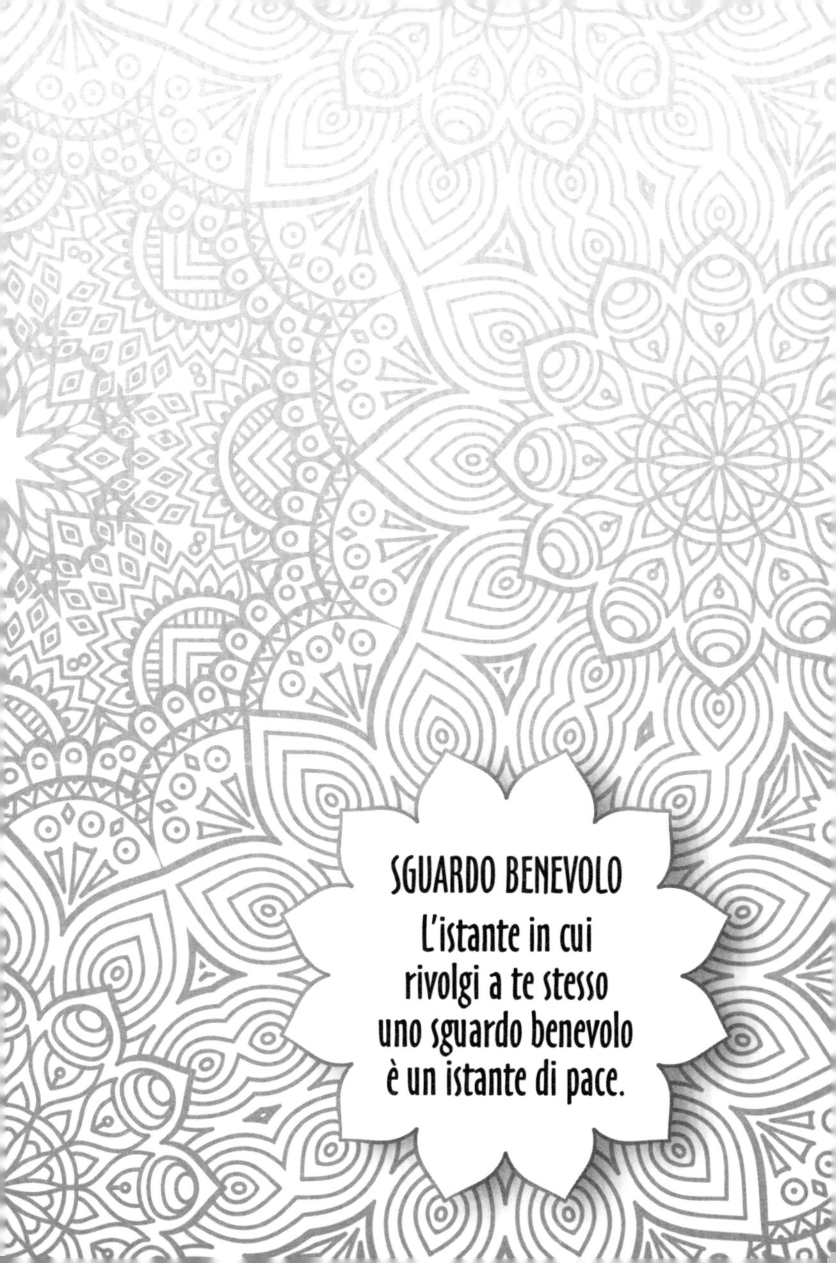

SGUARDO BENEVOLO

L'istante in cui
rivolgi a te stesso
uno sguardo benevolo
è un istante di pace.

Il metodo d'esecuzione degli esercizi

Per ogni organo sono possibili tre diversi metodi di esecuzione tra i quali potrai scegliere: la meditazione fisica, l'armonizzazione e la visualizzazione. Ogni esercizio presenta varianti differenti, ciascuna composta di più passi; potrai optare liberamente per la variante che più si addice ai tuoi bisogni e allo stato specifico del tuo organo in questo momento. Puoi anche combinare tra loro più esercizi o agire su più organi attraverso un unico esercizio.

La respirazione consapevole

Per praticare gli esercizi è importante entrare in connessione con il proprio respiro; a tal fine, ripeti mentalmente le frasi "Io inspiro" e "Io espiro" durante le due fasi della respirazione. Puoi anche ricorrere alle forme brevi "Dentro" e "Fuori" che ti aiuteranno a concentrarti maggiormente sull'atto vero e proprio della respirazione. Lascia che il tuo corpo respiri liberamente in modo autonomo e spontaneo, ma concentrati per riuscire a percepirlo ripetendo le frasi nella loro forma lunga o breve a seconda del ritmo della tua respirazione.

Questo tipo di raccoglimento meditativo è la base di ogni esercizio, dalla meditazione fisica all'armonizzazione, dalla visualizzazione alla comunicazione con i singoli organi. Inizialmente è sempre consigliabile concentrarsi sul proprio respiro: in questo modo si raggiunge un livello vibrazionale più sottile che permette di sfruttare con maggior efficacia la propria forza spirituale. Insomma, ogni esercizio inizia dalla respirazione consapevole.

Meditazione fisica

In questo tipo di esercizio si ripetono mentalmente alcune semplici frasi o singole parole seguendo il ritmo del respiro; così facendo riuscirai a fornire ai tuoi organi informazioni necessarie alla loro guarigione e a curarli e sostenerli sfruttando la tua forza spirituale. Attraverso queste frasi riuscirai a generare un'energia amorevole e guaritrice dentro di te e i tuoi organi. Ti consiglio di ripetere le frasi o le parole per almeno 5 respiri (ciascuno dei quali si compone della fase di inspirazione e di espirazione), in modo tale che l'energia che ne deriva e le informazioni guaritrici che esse contengono possano colmare il tuo organismo. La meditazione fisica comprende 4 passi che, insieme, formano un esercizio; il passo n. 3 prevede più varianti tra le quali potrai scegliere liberamente di volta in volta. Non temere: la variante che ti sembrerà più adatta in quel momento sarà quella che porterà maggiori benefici all'organo che desideri trattare.

Esempio (cervello):

Passo 1

Entra in connessione con il tuo respiro. Ripeti mentalmente seguendo il ritmo della tua respirazione per almeno 3-5 respiri:

Io inspiro (mentre stai inspirando).

Io espiro (mentre stai espirando).

Forma breve: **Dentro** (mentre stai inspirando)
Fuori (mentre stai espirando)

Dopo aver ripetuto alcune volte le frasi complete, potrai passare alla forma breve, solitamente composta da una o due parole. In questo caso, "breve" significa che dovrai ripetere solo la singola parola (o le due parole) seguendo il ritmo della respirazione. Il momento in cui passare alla forma breve dipende dalle sensazioni che proverai e dal modo in cui le frasi o le parole riusciranno a entrare in sintonia con il tuo respiro. Continua a ripeterle fintanto che perdura la sensazione di piacere.

Passo 2

Calma e rilassa il corpo. Ripeti mentalmente seguendo il ritmo della tua respirazione per almeno 5 respiri:

Inspirando: **Calmo il mio corpo.**

Espirando: **Rilasso il mio corpo.**

Forma breve: **Calmare il corpo – Rilassare il corpo**

Attenzione: ripetere frasi o parole guaritrici rispettando il ritmo del respiro non significa inspirare o espirare qualcosa. La frase completa e precisa sarebbe, per esempio: "Mentre ispiro calmo il mio corpo. Mentre espiro, rilasso il mio corpo". Tuttavia, questa forma sarebbe troppo prolissa per essere ripetuta al ritmo del respiro e non sarebbe possibile entrare in sintonia con esso. Per questo motivo sono state pensate le forme brevi. Il principio è quello di armonizzare la respirazione consapevole con una frase o una parola guaritrice; in questo modo l'esercizio proposto diventa un metodo di meditazione.

Passo 3

Rivolgiti al tuo cervello e ripeti le seguenti frasi per tutto il tempo che desideri.

Variante 1: sorriso amorevole

In questa fase lascia che il tuo viso si illumini di un sorriso autentico, come se stessi sorridendo a una persona a te cara. Ripeti mentalmente seguendo il ritmo della tua respirazione:

Inspirando:	**Saluto il mio cervello.**
Espirando:	**Sorrido amorevolmente al mio cervello.**
Forma breve:	**Salutare il cervello – Sorridere al cervello**

In questo caso la forma breve mantiene la parola "cervello". Nella maggior parte delle varianti più lunghe, tuttavia, la forma breve tralascia il nome dell'organo poiché sarà già stato ripetuto sufficientemente nelle frasi complete pronunciate in precedenza e il corpo lo avrà già interiorizzato.

Passo 4

Coinvolgi tutto il corpo nella meditazione. Cerca di percepire te stesso come un'unità inscindibile prima di tornare alla tua quotidianità. Ripeti mentalmente inspirando ed espirando:

Inspirando: **Percepisco consapevolmente tutto il corpo.**

Espirando: **Sorrido amorevolmente al mio corpo.**

Forma breve: **Percepire il corpo – Sorridere al corpo**

Lascia nuovamente che un sorriso autentico illumini il tuo volto diffondendosi in tutto il corpo. Regala al tuo organismo un sorriso e mantienilo tornando alle incombenze della vita quotidiana. Allungati e distenditi, poi contrai brevemente i muscoli prima di alzarti.

L'armonizzazione

Ogni organo ha il proprio suono, esattamente come ciascuno di noi. È possibile armonizzare il suono di un determinato organo con il proprio facendo risuonare la propria voce in fase di espirazione; non si tratta di creare una melodia piacevole, ma di trovare il suono "giusto", ossia quello che scaturirà dal tuo corpo in questo preciso momento dell'esercizio. Esattamente quel suono sarà guaritore, scioglierà le tensioni e colmerà l'organo coinvolto di nuova vibrazione. In questo modo donerai la tua voce all'organo che avrai scelto, il suono proverrà dall'interno e agirà internamente su quell'organo. Il suono potrà essere forte o lieve, profondo o acuto, poderoso o timido. Lascia semplicemente che esca dalla tua bocca in questo preciso momento e che diventi il tuo suono personale.

Questo esercizio prevede due passi. Nel secondo è molto raro avere una variante, ma se così fosse scegli semplicemente quella che più ti piace. Come ho descritto in precedenza, potrai praticare l'esercizio appoggiando una mano in corrispondenza dell'organo che hai scelto sentendo il suono sotto la mano stessa, oppure potrai accompagnare l'emissione del suono muovendo liberamente la mano nell'aria e tornando ad appoggiarla sul corpo mentre inspiri. Prova entrambi i metodi per capire quello che più ti fa stare bene. Anche in questo caso, ti consiglio di affrontare l'esercizio con spirito giocoso e non sorprenderti se alcuni giorni sentirai suoni differenti uscire dal tuo corpo.

La visualizzazione

Questo esercizio prevede tre passi. Nel primo entriamo in sintonia con il nostro respiro, nel secondo entriamo in contatto con l'organo che abbiamo scelto, nel terzo inizia la vera e propria visualizzazione. Quest'ultima offre sempre almeno due varianti diverse (la visualizzazione depurativa e la visualizzazione colorata), tra cui potrai scegliere quella che più ti piace. Nella variante 1 (depurazione) l'organo viene rinfrescato e depurato con acqua proveniente da una fonte guaritrice; l'effetto è particolarmente stimolante. Nella variante 2 (visualizzazione colorata) l'organo scelto viene riempito o avvolto in un colore guaritore che si paleserà nel contatto con l'organo stesso. Se dovessi visualizzare più colori, prenditi del tempo e stabilisci qual è quello che ti appare con maggior costanza. Se non riesci a visualizzare nessun colore, proponine tu al tuo organo e attendi con pazienza di trovare quello "giusto". Probabilmente il colore cambierà man mano che la visualizzazione diventerà più dettagliata: lasciati andare e goditi questo gioco di colori.

Ciascun colore ha un proprio effetto che potrà essere rilassante o stimolante, ma comunque sempre nutriente. Non sorprenderti se in giorni diversi visualizzerai colori differenti. Al termine della visualizzazione lascia che l'immagine del colore o della fonte si affievolisca pian piano fino a scomparire e non temere di cercare le immagini interiori guaritrici che porti dentro di te e di personalizzare la tecnica della visualizzazione.

Al termine di questo breve manuale troverai un'altra forma di visualizzazione guaritrice, ossia "prendere in mano gli organi". In base alle intenzioni il suo effetto potrà essere nutriente, rinforzante o calmante.

La visualizzazione è uno strumento potente per stimolare e favorire i processi nel nostro corpo e nel profondo di noi stessi. Gli esercizi che ti propongo sono volutamente semplici, potremmo addirittura dire che sono generici e quindi praticabili da chiunque. Tuttavia, ti invito a non lasciarti limitare e a non ostinarti su queste immagini, ma a permettere alle tue immagini interiori di fungere da nuova ispirazione. Sfrutta la tua forza di immaginazione: è una forza potente che ti permetterà di trovare immagini guaritrici personalizzate celate nella tua anima. Grazie alla respirazione consapevole e ad alcuni esercizi di visualizzazione riuscirai ad avere accesso a queste immagini che appartengono solamente a te.

Comunicare con gli organi

Sebbene inizialmente possa sembrarti strano e inusuale comunicare di quando in quando con i propri organi, ti invito a parlare loro come se avessi di fronte una persona a te cara. Probabilmente parli anche con le tue piante mentre ti stai prendendo cura di loro: i nostri organi sono come piante, anch'essi vogliono essere protetti e nutriti e anche con essi è possibile parlare. Quindi, produci dentro di te un'energia guaritrice di gratitudine e stima attraverso le tue parole e lascia che essa pervada i tuoi organi. Puoi ricorrere a questa comunicazione guaritrice anche prima e/o dopo una visita medica o un intervento chirurgico.

Percezione degli effetti

Al termine dell'esercizio è importante prendersi qualche minuto per percepire gli effetti benefici che ne derivano; a prescindere dalla tipologia di esercizio scelta (meditazione fisica, armonizzazione o visualizzazione), questa fase fondamentale rappresenta il momento della rigenerazione; quest'ultima avviene nella tranquillità, nella pausa di quiete in cui riuscirai a sentire come stai. Rimani in ascolto e vedrai che il tuo corpo ti invierà stimoli e informazioni che ti renderanno consapevole di aspetti a cui, probabilmente, non avevi ancora pensato. Potrebbero essere una parola, un pensiero o una sensazione che dimostreranno l'effetto che l'esercizio ha avuto sull'organo e sul tuo corpo. Per esempio, se avrai nutrito gli organi con amore potresti essere pervaso da un senso di gioia incontenibile o di profonda gratitudine. In ogni caso questa fase include alcuni importanti minuti di rigenerazione che dovresti aggiungere al termine degli esercizi per ricavarne il maggior beneficio possibile. Avvolto in questa quiete potrai goderti il ritmo del tuo respiro e dedicarti completamente a te stesso.

Appoggiare le mani

Appoggiare le mani sul corpo in corrispondenza di un determinato organo può avere effetti guaritori in qualsiasi momento. È un gesto che spesso compiamo inconsciamente quando sentiamo male, ma può diventare anche una parte voluta e cosciente degli esercizi che ti sto proponendo. Il contatto delle mani può avere effetti distensivi, calmanti o stimolanti sugli organi rinforzando così l'efficacia dei vari esercizi. Un contatto amorevole è sempre guaritore. Fai una prova, ascolta i bisogni del tuo corpo o delle tue mani e renditi conto che stai prendendo in mano te stesso anche se il contatto è fisicamente rivolto a uno solo dei tuoi organi. Pensa che in quell'organo ci sei tu, perché tutto è colmo del tuo spirito.

Inizia il viaggio

In questa introduzione ho cercato di darti una breve panoramica delle tipologie di esercizio. Per ciascun organo troverai di seguito una descrizione dettagliata dei vari esercizi in modo da poterti dedicare sempre a quello a cui stai pensando e che ha bisogno della tua attenzione. Che sia lo stomaco oggi o la tiroide domani: per ciascun organo troverai la spiegazione dell'esercizio completo con tutte le varianti. Ti auguro un viaggio rigenerante alla volta dei tuoi organi!

La meditazione degli organi

Gli esercizi

Esercizio base per la cura degli organi

All'inizio di ogni esercizio fornirò una breve presentazione dell'organo spiegandone posizione e funzione nell'organismo. In questo modo sarà ancor più evidente l'importanza che ciascun organo riveste per il sistema complessivo e come esso contribuisce al tuo benessere. Potrai reperire maggiori informazioni sui singoli organi in internet.* Consiglio sempre di scaricare dal web alcune immagini degli organi o di consultare un manuale medico; io stessa trovo molto utile osservare queste immagini nei periodi in cui mi concentro in modo particolare su un organo specifico. Naturalmente potrai anche fare a meno di un'illustrazione anatomica e immaginarti in tutta semplicità l'organo che hai deciso di trattare nella sua posizione fisiologica all'interno del tuo corpo.

Per determinati esercizi ho raggruppato alcuni organi in coppie, per esempio stomaco e intestino,

* Le informazioni contenute in quest'opera sono state tratte dai siti www.apotheken-umschau.de/Koerperatlas e www.onmeda.de (ultima consultazione: 25/06/2015).

fegato e cistifellea, reni e vescica, poiché sono organi che collaborano strettamente tra loro nell'espletamento delle loro funzioni vitali. Chiaramente è possibile rivolgere l'attenzione anche a uno solo di questi organi eseguendo l'esercizio in maniera mirata e specifica per quell'organo singolo. Al contrario, potrai anche decidere di raggruppare altri organi, per esempio il pancreas e la milza. Dipende esclusivamente da te e dalle sensazioni che ti trasmette il tuo organismo. Non avere paura di sperimentare: affronta le varianti e le possibilità che gli esercizi ti offrono in modo giocoso. Gli esercizi dovrebbero essere eseguiti con gioia e leggerezza, perché queste emozioni donano ai nostri organi un'energia positiva e salutare. Gli organi saranno raggruppati anche durante il viaggio attraverso il corpo a cui ti inviterò al termine di questo libro, nel quale saluteremo ciascun organo con un sorriso colmandolo così di energia (vedi pag. 120).

Altri organi

In questo manuale ho dovuto scegliere quali organi trattare. Ho deciso di dedicarmi agli organi interni poiché normalmente sono quelli più trascurati nella vita di tutti i giorni. Tuttavia, il metodo presentato per l'esecuzione degli esercizi può essere applicato a qualsiasi organo. Puoi dedicare a tutti gli organi la stessa amorevole attenzione. Agli occhi: appoggia il palmo delle mani su entrambi gli occhi per permettere loro di rilassarsi. Alle orecchie: chiuditi le orecchie con le mani isolandole dal mondo esterno e ascolta il silenzio. Alla cavità orale: esplora la cavità orale con la lingua e percepiscine ogni caratteristica. All'esofago: senti come il cibo scivola lungo l'esofago fino a raggiungere lo stomaco. Alla pelle: tocca delicatamente la pelle e lascia che questo contatto si propaghi fino in profondità. Prova a fare quello che ti viene in mente mentre viaggi attraverso il tuo corpo.

RITROVARE SE STESSI

Il giorno in cui ritroverai te stesso nell'amore sarai arrivato al traguardo e potrai iniziare a percorrere la tua strada.

CERVELLO

Il cervello umano è contenuto e protetto dalle ossa craniche e forma, assieme al midollo spinale, la centralina di comando del nostro corpo. È responsabile della gestione di quasi tutte le funzioni vitali, riceve gli stimoli provenienti dagli organi di senso, li trasmette agli altri organi interessati e regola la complessa interazione tra i vari organi. Ci permette di pensare, pianificare, agire e percepire, ossia di entrare in contatto con il mondo che ci circonda.

Meditazione fisica per il cervello

Pensa per un istante a quanto il tuo cervello ha già lavorato oggi, quante impressioni ha elaborato e quante informazioni ha immagazzinato. Donagli ora un momento consapevole di riposo.

Passo 1

Entra in sintonia con il tuo respiro. Ripeti mentalmente seguendo il ritmo della tua respirazione per 3-5 respiri:

Io inspiro. – Io espiro.
Forma breve: **Dentro – Fuori**

Passo 2

Calma e rilassa il tuo corpo. Ripeti mentalmente seguendo il ritmo della tua respirazione per ca. 5 respiri:

Inspirando: **Calmo il mio corpo.**

Espirando: **Rilasso il mio corpo.**

Forma breve: **Calmare il corpo – Rilassare il corpo**

Passo 3

Rivolgiti al tuo cervello. Prova a trovare la variante che piace di più al tuo cervello, poi ripeti le frasi che hai scelto fintantoché provi una sensazione piacevole.

Variante 1: sorriso amorevole

Dona al tuo cervello un sorriso amorevole. Lascia che il tuo volto si illumini di un sorriso autentico e ripeti mentalmente seguendo il ritmo della tua respirazione:

Inspirando: **Saluto il mio cervello.**

Espirando: **Sorrido amorevolmente al mio cervello.**

Forma breve: **Salutare il cervello**
Sorridere al cervello

Variante 2: quiete e rilassamento

Permetti al tuo cervello di trovare la quiete. Ripeti mentalmente seguendo il ritmo della tua respirazione:

Inspirando: **Calmo il mio cervello.**
Espirando: **Rilasso il mio cervello.**
Forma breve: **Calmare il cervello**
Rilassare il cervello

Variante 3: salute e armonia

Colma il tuo cervello di salute e armonia. Ripeti mentalmente seguendo il ritmo della tua respirazione:

Inspirando: **Il mio cervello è in piena salute.**
Espirando: **Il mio cervello è in piena armonia.**
Forma breve: **Salute – Armonia**

Passo 4

Coinvolgi nella meditazione tutto il tuo corpo. Percepisci te stesso come un'unità inscindibile prima di tornare alle faccende della quotidianità. Ripeti mentalmente inspirando ed espirando:

Inspirando:	**Prendo consapevolmente coscienza del mio corpo.**
Espirando:	**Sorrido amorevolmente al mio corpo.**
Forma breve:	**Percepire il corpo** **Sorridere al corpo**

Regala al tuo corpo un sorriso e mantienilo tornando alle incombenze della vita quotidiana. Allungati e distenditi, poi contrai brevemente i muscoli prima di alzarti.

L'armonizzazione per il cervello

Anche in questo caso è fondamentale prima trovare uno stato di raccoglimento interiore. Mentre inspiri, pensa al tuo cervello (forse riuscirai a visualizzarlo o a sentirlo mentalmente) ed espira producendo un suono.

Passo 1

Entra in sintonia con il tuo respiro. Ripeti mentalmente seguendo il ritmo della tua respirazione per 3-5 respiri:

Io inspiro. – Io espiro.

Forma breve: **Dentro – Fuori**

Passo 2

Inspirando lascia che l'aria confluisca nel cervello. Espirando lascia risuonare il suono che si produrrà. Ripeti questa sequenza 3-4 volte.

Successivamente, rimani in silenzio per un paio di respiri e percepisci come ti senti e come si sente il tuo cervello. Appoggia le mani sul ventre e gonfialo inspirando. Allungati e lascia il tuo cervello tornando a concentrarti prima su tutto il corpo e poi sulla quotidianità che ti circonda.

La visualizzazione per il cervello

Innanzitutto concentrati sulla respirazione. Entra poi in contatto con il tuo cervello e inizia a visualizzare continuando a respirare a un ritmo normale.

Passo 1

Entra in sintonia con il tuo respiro. Ripeti mentalmente seguendo il ritmo della tua respirazione per 3-5 respiri:

Io inspiro. – Io espiro.

Forma breve: **Dentro – Fuori**

Passo 2

Entra in contatto con il tuo cervello. Lascia che questo contatto si intensifichi. Continua a respirare consapevolmente e pensa alla posizione e alle funzioni del tuo cervello.

Passo 3

Variante 1: visualizzazione depurativa

Immagina che dell'acqua sgorghi da una fonte guaritrice depurando e rivitalizzando dolcemente il tuo cervello. L'acqua ripulisce e porta via tutto ciò che inquina.

Variante 2: visualizzazione nutritiva

Immagina che il tuo cervello assorba un colore nutritivo e rinforzante. Il colore si paleserà al contatto con il tuo cervello, altrimenti prova semplicemente a proporgliene uno e trova quello "giusto" in tutta tranquillità.

Variante 3: prendere in mano il cervello

Immagina di prendere il cervello sui palmi e osservarlo riposare serenamente nelle tue mani. Trasmettigli tranquillità e pace attraverso il tocco delicato.

Dopo la visualizzazione rimani in tranquillità per alcuni respiri. Puoi anche appoggiare le mani sulle tempie. Dona una carezza amorevole a te stesso e al tuo cervello e lasciati trasportare ancora per un po' dal tuo respiro...

TIROIDE

La nostra ghiandola tiroidea si trova davanti alla trachea subito sotto la laringe e ha la forma di una farfalla. È molto importante per il nostro metabolismo poiché produce tre ormoni che influenzano i processi metabolici del nostro organismo. Inoltre, regola e stimola l'osteogenesi.

Meditazione fisica per la tiroide

Accarezza delicatamente con le mani la zona corrispondente alla sede di questo organo così piccolo, ma così importante per il metabolismo umano. Donagli la tua amorevole attenzione affinché continui a funzionare in maniera ottimale per il tuo benessere e prenditi cura di questa relazione.

Passo 1

Entra in sintonia con il tuo respiro. Ripeti mentalmente seguendo il ritmo della tua respirazione per 3-5 respiri:

Io inspiro. – Io espiro.

Forma breve: **Dentro – Fuori**

Passo 2

Calma e rilassa il tuo corpo. Ripeti mentalmente seguendo il ritmo della tua respirazione per ca. 5 respiri:

Inspirando: **Calmo il mio corpo.**

Espirando: **Rilasso il mio corpo.**

Forma breve: **Calmare il corpo**
Rilassare il corpo

Passo 3

Rivolgiti alla tiroide. Prova a trovare la variante che più le piace, poi ripeti le frasi che hai scelto fintantoché provi una sensazione piacevole.

Variante 1: sorriso amorevole

Dona alla tua tiroide un sorriso amorevole. Lascia che il tuo volto si illumini di un sorriso autentico e ripeti mentalmente seguendo il ritmo della tua respirazione:

Inspirando: **Saluto la mia tiroide.**

Espirando: **Sorrido amorevolmente alla mia tiroide.**

Forma breve: **Salutare la tiroide**
Sorridere alla tiroide

Variante 2: quiete e rilassamento

Permetti alla tua tiroide di trovare la quiete. Ripeti mentalmente seguendo il ritmo della tua respirazione:

Inspirando: **Calmo la mia tiroide.**

Espirando: **Rilasso la mia tiroide.**

Forma breve: **Calmare la tiroide**
Rilassare la tiroide

Variante 3: salute e armonia

Colma la tua tiroide di salute e armonia. Ripeti mentalmente seguendo il ritmo della tua respirazione:

Inspirando: **La mia tiroide è in piena salute.**

Espirando: **La mia tiroide è in piena armonia.**

Forma breve: **Salute – Armonia**

Variante 4 e 5: disfunzioni della tiroide

È fondamentale in questo caso rivolgersi a un medico che attesti l'effettiva presenza di una disfunzione tiroidea, in modo tale da non stimolarla nella direzione errata. Non fidarti solo delle tue sensazioni!

In caso di ipertiroidismo ripeti mentalmente seguendo il ritmo del tuo respiro:

Inspirando: **Percepisco la mia tiroide.**

Espirando: **Calmo la mia tiroide.**

Forma breve: **Percepire la tiroide**
Calmare la tiroide

In caso di ipotiroidismo ripeti mentalmente seguendo il ritmo del tuo respiro:

Inspirando: **Percepisco la mia tiroide.**

Espirando: **Stimolo la funzionalità della mia tiroide.**

Forma breve: **Percepire la tiroide**
Stimolare la tiroide

Passo 4

Coinvolgi nella meditazione tutto il tuo corpo. Percepisci te stesso come un'unità inscindibile prima di tornare alle faccende della quotidianità. Ripeti mentalmente inspirando ed espirando:

Inspirando: **Prendo consapevolmente coscienza del mio corpo.**

Espirando: **Sorrido amorevolmente al mio corpo.**

Forma breve: **Percepire il corpo – Sorridere al corpo**

Regala al tuo corpo un sorriso e mantienilo tornando alle incombenze della vita quotidiana. Allungati e distenditi, poi contrai brevemente i muscoli prima di alzarti.

L'armonizzazione per la tiroide

Anche in questo caso è innanzitutto fondamentale trovare uno stato di raccoglimento interiore. Mentre inspiri, pensa alla tua tiroide (forse riuscirai a visualizzarla o a sentirla mentalmente) ed espira producendo un suono.

Passo 1

Entra in sintonia con il tuo respiro. Ripeti mentalmente seguendo il ritmo della tua respirazione per 3-5 respiri:

Io inspiro. – Io espiro.

Forma breve: **Dentro – Fuori**

Passo 2

Inspirando lascia che l'aria confluisca nella tiroide. Espirando lascia risuonare il suono che si produrrà. Ripeti questa sequenza 3-4 volte.

Successivamente, rimani in silenzio per un paio di respiri e percepisci come ti senti e come si sente la tua tiroide. Appoggia le mani sul ventre e gonfialo inspirando. Allungati e lascia la tua tiroide tornando a concentrarti prima su tutto il corpo e poi sulla quotidianità che ti circonda.

La visualizzazione per la tiroide

Innanzitutto concentrati sulla respirazione. Entra poi in contatto con la tua tiroide e inizia a visualizzare continuando a respirare a un ritmo normale.

Passo 1

Entra in sintonia con il tuo respiro. Ripeti mentalmente seguendo il ritmo della tua respirazione per 3-5 respiri:

Io inspiro. – Io espiro.

Forma breve: **Dentro – Fuori**

Passo 2

Entra in contatto con la tua tiroide. Lascia che questo contatto si intensifichi. Continua a respirare consapevolmente e pensa alla posizione e alle funzioni della tiroide.

Passo 3

Variante 1: visualizzazione depurativa

Immagina che dell'acqua sgorghi da una fonte guaritrice depurando e rivitalizzando dolcemente la tua tiroide. L'acqua ripulisce e porta via tutto ciò che inquina.

Variante 2: visualizzazione nutritiva

Immagina che la tua tiroide assorba un colore nutritivo e rinforzante. Il colore si paleserà al contatto con la tiroide, altrimenti prova semplicemente a proporgliene uno e trova quello "giusto" in tutta tranquillità. In caso di disfunzione tiroidea immagina questo organo avvolto da una luce guaritrice e lasciala agire in maniera dolce e salutare.

Dopo la visualizzazione rimani in tranquillità per alcuni respiri. Puoi anche appoggiare le mani sul collo. Lasciati trasportare ancora per un po' dal tuo respiro...

GUARIGIONE

Fare una pausa, rilassarsi, scendere nella profondità dell'anima e qui trovare la via verso la guarigione.

POLMONI E BRONCHI

I polmoni forniscono ossigeno al nostro organismo. Formati da due lobi polmonari, sono delimitati dalla parete toracica e dal diaframma. In una giornata una persona inspira ed espira, in media, 20.000 volte: l'aria attraversa la trachea e confluisce nell'ampia ramificazione bronchiale, alla cui estremità si trovano gli alveoli dove avvengono gli scambi gassosi. L'ossigeno inspirato viene così assorbito dal sangue dei vasi polmonari e l'anidride carbonica viene rilasciata ed espirata lungo il percorso inverso.

Meditazione fisica per i polmoni e i bronchi

Respira profondamente un paio di volte e sarai in piena sintonia con i polmoni e i bronchi. Osserva semplicemente come l'aria che respiri fluisca verso i polmoni riempiendoli per poi defluire nuovamente. Questo processo si ripete infinite volte in modo del tutto automatico.

Passo 1

Entra in sintonia con il tuo respiro. Ripeti mentalmente seguendo il ritmo della tua respirazione per 3-5 respiri:

Io inspiro. – Io espiro.

Forma breve: **Dentro – Fuori**

Passo 2

Calma e rilassa il tuo corpo. Ripeti mentalmente seguendo il ritmo della tua respirazione per ca. 5 respiri:

Inspirando: **Calmo il mio corpo.**

Espirando: **Rilasso il mio corpo.**

Forma breve: **Calmare il corpo – Rilassare il corpo**

Passo 3

Rivolgiti ai polmoni e ai bronchi. Prova a trovare la variante che più piace loro, poi ripeti le frasi che hai scelto fintantoché provi una sensazione piacevole.

Variante 1: sorriso amorevole

Dona ai polmoni e ai bronchi un sorriso amorevole. Lascia che il tuo volto si illumini di un sorriso autentico e ripeti mentalmente seguendo il ritmo della tua respirazione:

Inspirando: **Saluto i miei polmoni e i miei bronchi.**

Espirando: **Sorrido amorevolmente ai miei polmoni e ai miei bronchi.**

Forma breve: **Salutare polmoni e bronchi – Sorridere a polmoni e bronchi**

Variante 2: quiete e rilassamento

Permetti ai tuoi polmoni e bronchi di trovare la quiete. Ripeti mentalmente seguendo il ritmo della tua respirazione:

Inspirando: **Calmo i miei polmoni e bronchi.**

Espirando: **Rilasso i miei polmoni e bronchi.**

Forma breve: **Calmare polmoni e bronchi – Rilassare polmoni e bronchi**

Variante 3: salute e armonia

Colma i tuoi polmoni e bronchi di salute e armonia. Ripeti mentalmente seguendo il ritmo della tua respirazione:

Inspirando: **Polmoni e bronchi sono in piena salute.**

Espirando: **Polmoni e bronchi sono in piena armonia.**

Forma breve: **Salute – Armonia**

Passo 4

Coinvolgi nella meditazione tutto il tuo corpo. Percepisci te stesso come un'unità inscindibile prima di tornare alle faccende della quotidianità. Ripeti mentalmente inspirando ed espirando:

Inspirando: **Prendo consapevolmente coscienza del mio corpo.**

Espirando: **Sorrido amorevolmente al mio corpo.**

Forma breve: **Percepire il corpo – Sorridere al corpo**

Regala al tuo corpo un sorriso e mantienilo tornando alle incombenze della vita quotidiana. Allungati e distenditi, poi contrai brevemente i muscoli prima di alzarti.

L'armonizzazione per i polmoni e i bronchi

Anche in questo caso è innanzitutto fondamentale trovare uno stato di raccoglimento interiore. Mentre inspiri, pensa ai tuoi polmoni e bronchi (forse riuscirai a visualizzarli o a sentirli mentalmente) ed espira producendo un suono.

Passo 1

Entra in sintonia con il tuo respiro. Ripeti mentalmente seguendo il ritmo della tua respirazione per 3-5 respiri:

Io inspiro. – Io espiro.

Forma breve: **Dentro – Fuori**

Passo 2

Variante 1: armonizzazione

Inspirando lascia che l'aria confluisca nei tuoi polmoni e bronchi. Espirando lascia risuonare il suono che si produrrà. Ripeti questa sequenza 3-4 volte.

Variante 2: soffiare delicatamente

Respira profondamente in modo da riempire i polmoni, poi espira soffiando l'aria attraverso la bocca come se volessi togliere della polvere dalla superficie di un oggetto. Ripeti questa sequenza 3-4 volte.

Successivamente, rimani in silenzio per un paio di respiri e percepisci come ti senti e come si sentono i tuoi polmoni e bronchi. Appoggia le mani sul ventre e gonfialo inspirando. Allungati e lascia i tuoi polmoni e bronchi tornando a concentrarti prima su tutto il corpo e poi sulla quotidianità che ti circonda.

La visualizzazione per i polmoni e i bronchi

Innanzitutto concentrati sulla respirazione. Entra poi in contatto con i tuoi polmoni e bronchi e inizia a visualizzare continuando a respirare a un ritmo normale.

Passo 1

Entra in sintonia con il tuo respiro. Ripeti mentalmente seguendo il ritmo della tua respirazione per 3-5 respiri:

Io inspiro. – Io espiro.
Forma breve: **Dentro – Fuori**

Passo 2

Entra in contatto con i tuoi polmoni e bronchi. Lascia che questo contatto si intensifichi. Continua a respirare consapevolmente e pensa alla posizione e alle funzioni di polmoni e bronchi.

Passo 3

Variante 1: visualizzazione depurativa

Immagina che dell'acqua sgorghi da una fonte guaritrice depurando e rivitalizzando dolcemente i tuoi polmoni e bronchi. L'acqua ripulisce e porta via tutto ciò che inquina.

Variante 2: visualizzazione nutritiva

Immagina che i tuoi polmoni e bronchi assorbano un colore nutritivo e rinforzante. Il colore si paleserà al loro contatto, altrimenti prova semplicemente a proporgliene uno e trova quello "giusto" in tutta tranquillità.

Dopo la visualizzazione rimani in tranquillità per alcuni respiri. Percepisci come stai tu e come stanno i tuoi polmoni e bronchi. Puoi anche appoggiare le mani sulla cassa toracica. Lasciati trasportare ancora per un po' dal tuo respiro...

CUORE

Il cuore è situato all'interno della cassa toracica, leggermente spostato verso sinistra e inclinato dietro allo sterno. Il muscolo cardiaco è il più importante del nostro corpo; ogni minuto pompa circa 5 litri di sangue con una forza tale da permettergli di raggiungere gli angoli più remoti del nostro organismo. Il sangue trasporta ossigeno, ormoni e sostanze nutritive alle cellule, mentre i resti dei processi metabolici come l'anidride carbonica vengono inviati agli organi escretori. Il setto longitudinale atrioventricolare divide il cuore in una sezione destra e una sinistra; le due sezioni hanno funzioni diverse: mentre la sinistra pompa sangue nella circolazione generale, quella destra lo fa fluire verso i polmoni.

Meditazione fisica per il cuore

Mano sul cuore: una carezza benefica può aiutarti a prendere coscienza di quello di cui il tuo cuore ha bisogno in questo momento, di cosa sta facendo per te e di come si sente. Goditi per un attimo la tranquillità e ascolta il tuo cuore.

Passo 1

Entra in sintonia con il tuo respiro. Ripeti mentalmente seguendo il ritmo della tua respirazione per 3-5 respiri:

Io inspiro. – Io espiro.

Forma breve: **Dentro – Fuori**

Passo 2

Calma e rilassa il tuo corpo. Ripeti mentalmente seguendo il ritmo della tua respirazione per ca. 5 respiri:

Inspirando:	**Calmo il mio corpo.**
Espirando:	**Rilasso il mio corpo.**
Forma breve:	**Calmare il corpo – Rilassare il corpo**

Passo 3

Rivolgiti al cuore. Prova a trovare la variante che più gli piace, poi ripeti le frasi che hai scelto fintantoché provi una sensazione piacevole.

Variante 1: sorriso amorevole

Dona al tuo cuore un sorriso amorevole. Lascia

che il tuo volto si illumini di un sorriso autentico e ripeti mentalmente seguendo il ritmo della tua respirazione:

Inspirando: **Saluto il mio cuore.**

Espirando: **Sorrido amorevolmente al mio cuore.**

Forma breve: **Salutare il cuore – Sorridere al cuore**

Variante 2: quiete e rilassamento

Permetti al tuo cuore di trovare la quiete. Ripeti mentalmente seguendo il ritmo della tua respirazione:

Inspirando: **Prendo consapevolmente coscienza del mio cuore.**

Espirando: **Rilasso il mio cuore.**

Forma breve: **Percepire il cuore – Rilassare il cuore**

Variante 3: salute e armonia

Colma il tuo cuore di salute e armonia. Ripeti mentalmente seguendo il ritmo della tua respirazione:

Inspirando: **Il mio cuore è in piena salute.**

Espirando: **Il mio cuore è in piena armonia.**

Forma breve: **Salute – Armonia**

Variante 4: calma

Questa meditazione è utile se il tuo cuore sta battendo troppo velocemente perché il suo effetto è calmante. Ripeti mentalmente inspirando ed espirando:

Inspirando: **Il mio cuore batte tranquillamente.**

Espirando: **Il mio cuore batte in pace.**

Forma breve: **Tranquillità – Pace**

Un'altra possibilità è quella di muoversi in cerchio, perché in questo modo calmerai il battito del cuore. Puoi anche chiedere direttamente al cuore cosa sta cercando di comunicarti attraverso la sua irrequietudine: a pagina 127 troverai un capitolo dedicato al dialogo con gli organi che ti permetterà di entrare in contatto diretto con il tuo cuore.

Passo 4

Coinvolgi nella meditazione tutto il tuo corpo. Percepisci te stesso come un'unità inscindibile prima di tornare alle faccende della quotidianità. Ripeti mentalmente inspirando ed espirando:

Inspirando:	**Prendo consapevolmente coscienza del mio corpo.**
Espirando:	**Sorrido amorevolmente al mio corpo.**
Forma breve:	**Percepire il corpo – Sorridere al corpo**

Regala al tuo corpo un sorriso e mantienilo tornando alle incombenze della vita quotidiana. Allungati e distenditi, poi contrai brevemente i muscoli prima di alzarti.

L'armonizzazione per il cuore

Anche in questo caso è innanzitutto fondamentale trovare uno stato di raccoglimento interiore. Mentre inspiri, pensa al tuo cuore (forse riuscirai a visualizzarlo o a sentirlo mentalmente) ed espira producendo un suono.

Passo 1

Entra in sintonia con il tuo respiro. Ripeti mentalmente seguendo il ritmo della tua respirazione per 3-5 respiri:

Io inspiro. – Io espiro.

Forma breve: **Dentro – Fuori**

Passo 2

Inspirando lascia che l'aria confluisca nel cuore. Espirando lascia risuonare il suono che si produrrà. Ripeti questa sequenza 3-4 volte.

Successivamente, rimani in silenzio per un paio di respiri e percepisci come ti senti e come si sente il tuo cuore. Tieni una mano appoggiata sul cuore per tutto il tempo che desideri. Allungati e lascia il tuo cuore tornando a concentrarti prima su tutto il corpo e poi sulla quotidianità che ti circonda.

La visualizzazione per il cuore

Innanzitutto concentrati sulla respirazione. Entra poi in contatto con il tuo cuore e inizia a visualizzare continuando a respirare a un ritmo normale.

Passo 1

Entra in sintonia con il tuo respiro. Ripeti mentalmente seguendo il ritmo della tua respirazione per 3-5 respiri:

Io inspiro. – Io espiro.
Forma breve: **Dentro – Fuori**

Passo 2

Entra in contatto con il tuo cuore. Lascia che questo contatto si intensifichi. Continua a respirare consapevolmente e pensa alla posizione e alle funzioni del cuore.

Passo 3

Variante 1: visualizzazione depurativa

Immagina che dell'acqua sgorghi da una fonte guaritrice depurando e rivitalizzando dolcemente il tuo cuore. L'acqua ripulisce e porta via tutto ciò che inquina.

Variante 2: visualizzazione nutritiva

Immagina che il tuo cuore assorba un colore nutritivo e rinforzante. Il colore si paleserà al suo contatto, altrimenti prova semplicemente a proporgliene uno e trova quello "giusto" in tutta tranquillità.

Variante 3: prendere in mano il cuore

Immagina di prendere il cuore tra i palmi, di osservarlo riposare serenamente nelle tue mani e di massaggiarlo delicatamente. Trasmettigli forza attraverso un tocco vigoroso.

Dopo la visualizzazione rimani in tranquillità per alcuni respiri. Puoi anche appoggiare le mani sul cuore. Lasciati trasportare ancora per un po' dal tuo respiro...

DIAFRAMMA

Il diaframma umano ha una forma simile a una cupola, divide la cavità toracica da quella addominale collocandosi sopra il fegato, lo stomaco, la milza e i reni e sotto il cuore e i polmoni. Quando inspiriamo il diaframma si abbassa, mentre durante la fase di espirazione torna nella sua posizione originaria. Questo continuo movimento verso l'alto e verso il basso provoca un massaggio di cui beneficiano il cuore e gli organi addominali.

Meditazione fisica per il diaframma

Il diaframma è di fondamentale importanza per ogni tuo respiro; la sua capacità di oscillare può essere rinforzata praticando la respirazione di pancia (o diaframmatica). Prova a percepire l'effetto che ha questo tipo di respirazione da sdraiato o in piedi.

Passo 1

Entra in sintonia con il tuo respiro. Ripeti mentalmente seguendo il ritmo della tua respirazione per 3-5 respiri:

Io inspiro. – Io espiro.
Forma breve: **Dentro – Fuori**

Passo 2

Calma e rilassa il tuo corpo. Ripeti mentalmente seguendo il ritmo della tua respirazione per ca. 5 respiri:

Inspirando:	**Calmo il mio corpo.**
Espirando:	**Rilasso il mio corpo.**
Forma breve:	**Calmare il corpo – Rilassare il corpo**

Passo 3

Rivolgiti al diaframma. Prova a trovare la variante che più gli piace, poi ripeti le frasi che hai scelto fintantoché provi una sensazione piacevole.

Variante 1: sorriso amorevole

Dona al tuo diaframma un sorriso amorevole. Lascia che il tuo volto si illumini di un sorriso autentico e ripeti mentalmente seguendo il ritmo della tua respirazione:

Inspirando:	**Saluto il mio diaframma.**
Espirando:	**Sorrido amorevolmente al mio diaframma.**
Forma breve:	**Salutare il diaframma – Sorridere al diaframma**

Variante 2: quiete e rilassamento

Permetti al tuo diaframma di trovare la quiete. Ripeti mentalmente seguendo il ritmo della tua respirazione:

Inspirando: **Prendo consapevolmente coscienza del mio diaframma.**

Espirando: **Rilasso il mio diaframma.**

Forma breve: **Percepire il diaframma – Rilassare il diaframma**

Variante 3: mobilità e armonia

Colma il tuo diaframma di mobilità e armonia per raggiungere un'oscillazione armoniosa e sciogliere eventuali tensioni. Appoggia una mano sulla parte superiore del ventre, appena sotto lo sterno, e asseconda i movimenti dovuti alla respirazione. Ripeti mentalmente seguendo il ritmo della tua respirazione:

Inspirando: **Il mio diaframma si muove liberamente.**

Espirando: **Il mio diaframma è in piena armonia.**

Forma breve: **Mobilità – Armonia**

Passo 4

Coinvolgi nella meditazione tutto il corpo. Percepisci te stesso come un'unità inscindibile prima di tornare alle faccende della quotidianità. Ripeti mentalmente inspirando ed espirando:

Inspirando:	**Prendo consapevolmente coscienza del mio corpo.**
Espirando:	**Sorrido amorevolmente al mio corpo.**
Forma breve:	**Percepire il corpo – Sorridere al corpo**

Regala al tuo corpo un sorriso e mantienilo tornando alle incombenze della vita quotidiana. Allungati e distenditi, poi contrai brevemente i muscoli prima di alzarti.

L'armonizzazione per il diaframma

Anche in questo caso è innanzitutto fondamentale trovare uno stato di raccoglimento interiore. Mentre inspiri, pensa al tuo diaframma (forse riuscirai a visualizzarlo o a sentirlo mentalmente) ed espira producendo un suono.

Passo 1

Entra in sintonia con il tuo respiro. Ripeti mentalmente seguendo il ritmo della tua respirazione per 3-5 respiri:

Io inspiro. – Io espiro.
Forma breve: **Dentro – Fuori**

Passo 2

Variante 1: armonizzazione

Inspirando lascia che l'aria confluisca nel diaframma. Espirando lascia risuonare il suono che si produrrà. Ripeti questa sequenza 3-4 volte.

Variante 2: soffiare delicatamente

Respira profondamente facendo confluire l'aria verso il diaframma, poi espira soffiando l'aria attraverso la bocca come se volessi togliere della polvere dalla superficie di un oggetto. Ripeti questa sequenza 3-4 volte.

Successivamente, rimani in silenzio per un paio di respiri e percepisci come ti senti e come si sente il tuo diaframma. Appoggia le mani sul ventre e respira facendolo gonfiare e sgonfiare. Allungati e lascia i tuoi polmoni tornando a concentrarti prima su tutto il corpo e poi sulla quotidianità che ti circonda.

La visualizzazione per il diaframma

Innanzitutto concentrati sulla respirazione. Entra poi in contatto con il tuo diaframma e inizia a visualizzare continuando a respirare a un ritmo normale.

Passo 1

Entra in sintonia con il tuo respiro. Ripeti mentalmente seguendo il ritmo della tua respirazione per 3-5 respiri:

Io inspiro. – Io espiro.

Forma breve: **Dentro – Fuori**

Passo 2

Entra in contatto con il tuo diaframma. Lascia che questo contatto si intensifichi. Continua a respirare consapevolmente e pensa alla posizione e alle funzioni del diaframma.

Passo 3

Variante 1: visualizzazione depurativa

Immagina che dell'acqua sgorghi da una fonte guaritrice depurando e rivitalizzando dolcemente il tuo diaframma. L'acqua ripulisce e porta via tutto ciò che inquina.

Variante 2: visualizzazione nutritiva

Immagina che il tuo diaframma assorba un colore nutritivo e rinforzante. Il colore si paleserà al suo contatto, altrimenti prova semplicemente a proporgliene uno e trova quello "giusto" in tutta tranquillità.

Variante 3: mobilità

Immagina che il tuo diaframma oscilli a ogni respiro abbassandosi mentre inspiri e tornando alla sua posizione originaria quando espiri. Durante questo esercizio fai attenzione a respirare di pancia.

Dopo la visualizzazione rimani in tranquillità per alcuni respiri. Puoi anche appoggiare le mani sulla parte superiore del ventre direttamente sotto lo sterno. Lasciati trasportare ancora per un po' dal tuo respiro...

STOMACO E INTESTINO

Lo stomaco si trova sotto il diaframma e produce i succhi gastrici che permettono la digestione del cibo che mangiamo, che successivamente passa nell'intestino tenue. L'intestino è lungo 5-6 metri e si divide in intestino tenue, crasso e retto. Nell'intestino proseguono i processi digestivi, il cibo viene scisso e le sostanze nutritive vengono assorbite dalle mucose intestinali e trasmesse al sangue e al sistema linfatico. Le sostanze di scarto vengono invece convogliate nell'intestino crasso dove vengono compattate, trasformate ed espulse grazie all'azione dei batteri che costituiscono la flora intestinale.

Meditazione fisica per stomaco e intestino

Ti è rimasto qualcosa sullo stomaco? C'è qualcosa che non hai ancora digerito? Conosciamo tutti questi modi di dire. Stomaco e intestino assorbono ogni tipo di cibo che mangiamo, pertanto è utile prendersene cura amorevolmente.

Passo 1

Entra in sintonia con il tuo respiro. Ripeti mentalmente seguendo il ritmo della tua respirazione per 3-5 respiri:

Io inspiro. – Io espiro.

Forma breve: **Dentro – Fuori**

Passo 2

Calma e rilassa il tuo corpo. Ripeti mentalmente seguendo il ritmo della tua respirazione per ca. 5 respiri:

Inspirando: **Calmo il mio corpo.**

Espirando: **Rilasso il mio corpo.**

Forma breve: **Calmare il corpo – Rilassare il corpo**

Passo 3

Rivolgiti allo stomaco e all'intestino. Prova a trovare la variante che più piace loro, poi ripeti le frasi che hai scelto fintantoché provi una sensazione piacevole.

Variante 1: sorriso amorevole

Dona al tuo stomaco e intestino un sorriso amorevole. Lascia che il tuo volto si illumini di un sorriso autentico e ripeti mentalmente seguendo il ritmo della tua respirazione:

Inspirando: **Saluto lo stomaco e l'intestino.**

Espirando: **Sorrido amorevolmente al mio stomaco e al mio intestino.**

Forma breve: **Salutare stomaco e intestino – Sorridere a stomaco e intestino**

Variante 2: quiete e rilassamento

Permetti al tuo stomaco e intestino di trovare la quiete. Ripeti mentalmente seguendo il ritmo della tua respirazione:

Inspirando: **Calmo lo stomaco e l'intestino.**

Espirando: **Rilasso lo stomaco e l'intestino.**

Forma breve: **Calmare stomaco e intestino – Rilassare stomaco e intestino**

Variante 3: sostegno

Sostieni la funzionalità dello stomaco e dell'intestino. Se lo desideri, puoi limitare questo esercizio meditativo a un solo organo. Ripeti mentalmente seguendo il ritmo della tua respirazione:

Inspirando: **Prendo consapevolmente coscienza dello stomaco e dell'intestino.**

Espirando: **Sostengo l'attività digestiva.**

Forma breve: **Percepire stomaco e intestino – Sostenere la digestione**

Variante 4: salute e armonia

Lascia che lo stomaco e l'intestino siano pervasi da salute e armonia. Ripeti mentalmente seguendo il ritmo della tua respirazione:

Inspirando: **Stomaco e intestino sono in piena salute.**

Espirando: **Stomaco e intestino sono in piena armonia.**

Forma breve: **Salute – Armonia**

Passo 4

Coinvolgi nella meditazione tutto il corpo. Percepisci te stesso come un'unità inscindibile prima di tornare alle faccende della quotidianità. Ripeti mentalmente inspirando ed espirando:

Inspirando: **Prendo consapevolmente coscienza del mio corpo.**

Espirando: **Sorrido amorevolmente al mio corpo.**

Forma breve: **Percepire il corpo – Sorridere al corpo**

Regala al tuo corpo un sorriso e mantienilo tornando alle incombenze della vita quotidiana. Allungati e distenditi, poi contrai brevemente i muscoli prima di alzarti.

L'armonizzazione per stomaco e intestino

Anche in questo caso è innanzitutto fondamentale trovare uno stato di raccoglimento interiore. Mentre inspiri, pensa allo stomaco e all'intestino (forse riuscirai a visualizzarli o a sentirli mentalmente) ed espira producendo un suono.

Passo 1

Entra in sintonia con il tuo respiro. Ripeti mentalmente seguendo il ritmo della tua respirazione per 3-5 respiri:

Io inspiro. – Io espiro.

Forma breve: **Dentro – Fuori**

Passo 2

Inspirando lascia che l'aria confluisca nello stomaco e nell'intestino. Espirando lascia risuonare il suono che si produrrà. Ripeti questa sequenza 3-6 volte. Se desideri praticare questo esercizio in maniera distinta per i due organi, ripetilo ca. 3 volte per ciascuno di essi.

Successivamente, rimani in silenzio per un paio di respiri e percepisci come ti senti e come si sentono lo stomaco e l'intestino. Appoggia le mani sul ventre e respira facendolo gonfiare e sgonfiare. Allungati e lascia lo stomaco e l'intestino tornando a concentrarti prima su tutto il corpo e poi sulla quotidianità che ti circonda.

La visualizzazione per stomaco e intestino

Innanzitutto concentrati sulla respirazione. Entra poi in contatto con lo stomaco e l'intestino e inizia a visualizzare continuando a respirare a un ritmo normale.

Passo 1

Entra in sintonia con il tuo respiro. Ripeti mentalmente seguendo il ritmo della tua respirazione per 3-5 respiri:

Io inspiro. – Io espiro.

Forma breve: **Dentro – Fuori**

Passo 2

Entra in contatto con lo stomaco e l'intestino. Lascia che questo contatto si intensifichi. Continua a respirare consapevolmente e pensa alla posizione e alle funzioni di stomaco e intestino.

Passo 3

Se lo desideri, puoi praticare la visualizzazione in maniera distinta per ciascun organo. Prova e asseconda i segnali che ti invia l'organismo.

Variante 1: visualizzazione depurativa

Immagina che dell'acqua sgorghi da una fonte guaritrice depurando e rivitalizzando dolcemente lo stomaco e l'intestino. L'acqua ripulisce e porta via tutto ciò che inquina.

Variante 2: visualizzazione nutritiva

Immagina che lo stomaco e l'intestino assorbano un colore nutritivo e rinforzante. Il colore si paleserà al loro contatto, altrimenti prova semplicemente a proporgliene uno e trova quello "giusto" in tutta tranquillità.

Variante 3: rinnovamento

Immagina che la flora intestinale si stia rinnovando. Pensa a un bel prato pieno di fiori che stanno iniziando a sbocciare.

Dopo la visualizzazione rimani in tranquillità per alcuni respiri. Puoi anche appoggiare le mani sul ventre. Lasciati trasportare ancora per un po' dal tuo respiro...

FEGATO E CISTIFELLEA

Il fegato è l'organo interno più grande ed è responsabile del metabolismo delle proteine, dei lipidi e dei carboidrati; inoltre, regola l'equilibrio di vitamine, minerali e ormoni nel corpo umano. Il fegato è anche un organo di accumulo delle sostanze nutritive e rilascia zuccheri o vitamine a seconda delle necessità dell'organismo. Inoltre, grazie alla sua funzione depurativa ed escretoria, filtra il sangue dalle scorie e le trasforma in sostanze innocue che possono essere espulse attraverso i reni e l'intestino. Il fegato è anche una ghiandola che produce bile, un liquido impiegato nell'intestino tenue per la digestione dei grassi. La cistifellea è collocata al margine inferiore del fegato e funge da "serbatoio" per la bile.

Meditazione fisica per fegato e cistifellea

È impressionante leggere quante funzioni diverse ha il nostro fegato. Pensaci consapevolmente durante gli esercizi per inviare al fegato e alla cistifellea un messaggio di gratitudine per il loro lavoro. Puoi anche ricorrere al dialogo con gli organi (vedi pagina 127).

Passo 1

Entra in sintonia con il tuo respiro. Ripeti mentalmente seguendo il ritmo della tua respirazione per 3-5 respiri:

Io inspiro. – Io espiro.

Forma breve: **Dentro – Fuori**

Passo 2

Calma e rilassa il tuo corpo. Ripeti mentalmente seguendo il ritmo della tua respirazione per ca. 5 respiri:

Inspirando:	**Calmo il mio corpo.**
Espirando:	**Rilasso il mio corpo.**
Forma breve:	**Calmare il corpo – Rilassare il corpo**

Passo 3

Rivolgiti al fegato e alla cistifellea. Prova a trovare la variante che più piace loro, poi ripeti le frasi che hai scelto fintantoché provi una sensazione piacevole.

Variante 1: sorriso amorevole

Dona al fegato e alla cistifellea un sorriso amorevole. Lascia che il tuo volto si illumini di un sorriso autentico e ripeti mentalmente seguendo il ritmo della tua respirazione:

Inspirando:	**Saluto il fegato e la cistifellea.**
Espirando:	**Sorrido amorevolmente al fegato e alla cistifellea.**
Forma breve:	**Salutare fegato e cistifellea – Sorridere a fegato e cistifellea**

Variante 2: quiete e rilassamento

Permetti al fegato e alla cistifellea di trovare la quiete. Ripeti mentalmente seguendo il ritmo della tua respirazione:

Inspirando:	**Calmo il fegato e la cistifellea.**
Espirando:	**Rilasso il fegato e la cistifellea.**
Forma breve:	**Calmare fegato e cistifellea – Rilassare fegato e cistifellea**

Variante 3: sostegno

Sostieni la funzione depurativa del fegato. Ripeti mentalmente seguendo il ritmo della tua respirazione:

Inspirando: **Prendo consapevolmente coscienza del mio fegato.**

Espirando: **Sostengo l'attività depurativa del mio fegato.**

Forma breve: **Percepire il fegato – Sostenere la funzione epatica**

Variante 4: salute e armonia

Lascia che il fegato e la cistifellea siano pervasi da salute e armonia. Ripeti mentalmente seguendo il ritmo della tua respirazione:

Inspirando: **Fegato e cistifellea sono in piena salute.**

Espirando: **Fegato e cistifellea sono in piena armonia.**

Forma breve: **Salute – Armonia**

Passo 4

Coinvolgi nella meditazione tutto il corpo. Percepisci te stesso come un'unità inscindibile prima di tornare alle faccende della quotidianità. Ripeti mentalmente inspirando ed espirando:

Inspirando: **Prendo consapevolmente coscienza del mio corpo.**

Espirando: **Sorrido amorevolmente al mio corpo.**

Forma breve: **Percepire il corpo – Sorridere al corpo**

Regala al tuo corpo un sorriso e mantienilo tornando alle incombenze della vita quotidiana. Allungati e distenditi, poi contrai brevemente i muscoli prima di alzarti.

L'armonizzazione per fegato e cistifellea

Anche in questo caso è innanzitutto fondamentale trovare uno stato di raccoglimento interiore. Mentre inspiri, pensa al fegato e alla cistifellea (forse riuscirai a visualizzarli o a sentirli mentalmente) ed espira producendo un suono.

Passo 1

Entra in sintonia con il tuo respiro. Ripeti mentalmente seguendo il ritmo della tua respirazione per 3-5 respiri:

Io inspiro. – Io espiro.

Forma breve: **Dentro – Fuori**

Passo 2

Inspirando lascia che l'aria confluisca nel fegato e nella cistifellea. Espirando lascia risuonare il suono che si produrrà. Ripeti questa sequenza 3-6 volte. Se desideri praticare questo esercizio in maniera distinta per i due organi, ripetilo ca. 3 volte per ciascuno di essi.

Successivamente, rimani in silenzio per un paio di respiri e percepisci come ti senti e come si sentono il fegato e la cistifellea. Appoggia le mani sul ventre e respira facendolo gonfiare e sgonfiare. Allungati e lascia il fegato e la cistifellea tornando a concentrarti prima su tutto il corpo e poi sulla quotidianità che ti circonda.

La visualizzazione per fegato e cistifellea

Innanzitutto concentrati sulla respirazione. Entra poi in contatto con il fegato e la cistifellea e inizia a visualizzare continuando a respirare a un ritmo normale.

Passo 1

Entra in sintonia con il tuo respiro. Ripeti mentalmente seguendo il ritmo della tua respirazione per 3-5 respiri:

Io inspiro. – Io espiro.

Forma breve: **Dentro – Fuori**

Passo 2

Entra in contatto con il fegato e la cistifellea. Lascia che questo contatto si intensifichi. Continua a respirare consapevolmente e pensa alla posizione e alle funzioni di questi due organi.

Passo 3

Se lo desideri, puoi praticare la visualizzazione in maniera distinta per ciascun organo. Prova e asseconda i segnali che ti invia l'organismo.

Variante 1: visualizzazione depurativa

Immagina che dell'acqua sgorghi da una fonte guaritrice depurando e rivitalizzando dolcemente il fegato e la cistifellea. L'acqua ripulisce e porta via tutto ciò che inquina.

Variante 2: visualizzazione nutritiva

Immagina che il fegato e la cistifellea assorbano un colore nutritivo e rinforzante. Se visualizzi due colori distinti pensando ai due organi, accoglili entrambi; altrimenti, prova semplicemente a proporgliene uno e trova quello “giusto” in tutta tranquillità.

Dopo la visualizzazione rimani in tranquillità per alcuni respiri. Puoi anche appoggiare le mani sul ventre. Lasciati trasportare ancora per un po’ dal tuo respiro...

PANCREAS

Il pancreas è situato nella parte superiore del ventre, in posizione trasversale, dietro allo stomaco. Le sue funzioni ricoprono un ruolo fondamentale per l'organismo umano: da un lato produce succo pancreatico, che contiene vari enzimi e serve alla digestione di alcune sostanze, dall'altro rilascia insulina, fondamentale per controllare la concentrazione di glucosio nel sangue.

Meditazione fisica per il pancreas

Raramente siamo consapevoli dell'importanza del nostro pancreas, e tuttavia, o proprio per questa ragione, è necessario rivolgergli un'attenzione amorevole e grata. Donagli la dovuta considerazione e un sorriso sincero.

Passo 1

Entra in sintonia con il tuo respiro. Ripeti mentalmente seguendo il ritmo della tua respirazione per 3-5 respiri:

Io inspiro. – Io espiro.
Forma breve: **Dentro – Fuori**

Passo 2

Calma e rilassa il tuo corpo. Ripeti mentalmente seguendo il ritmo della tua respirazione per ca. 5 respiri:

Inspirando: **Calmo il mio corpo.**

Espirando: **Rilasso il mio corpo.**

Forma breve: **Calmare il corpo – Rilassare il corpo**

Passo 3

Rivolgiti al pancreas. Prova a trovare la variante che più gli piace, poi ripeti le frasi che hai scelto fintantoché provi una sensazione piacevole.

Variante 1: sorriso amorevole

Dona al pancreas un sorriso amorevole. Lascia che il tuo volto si illumini di un sorriso autentico e ripeti mentalmente seguendo il ritmo della tua respirazione:

Inspirando: **Saluto il pancreas.**

Espirando: **Sorrido amorevolmente al pancreas.**

Forma breve: **Salutare il pancreas – Sorridere al pancreas**

Variante 2: quiete e rilassamento

Permetti al pancreas di trovare la quiete. Ripeti mentalmente seguendo il ritmo della tua respirazione:

Inspirando: **Calmo il pancreas.**

Espirando: **Rilasso il pancreas.**

Forma breve: **Calmare il pancreas – Rilassare il pancreas**

Variante 3: rinforzo

Rinforza la funzione del pancreas. Ripeti mentalmente seguendo il ritmo della tua respirazione:

Inspirando: **Prendo consapevolmente coscienza del mio pancreas.**

Espirando: **Rinforzo l'attività del mio pancreas.**

Forma breve: **Percepire il pancreas – Rinforzare la sua funzione**

Variante 4: salute e armonia

Lascia che il pancreas sia pervaso da salute e armonia. Ripeti mentalmente seguendo il ritmo della tua respirazione:

Inspirando: **Il pancreas è in piena salute.**

Espirando: **Il pancreas è in piena armonia.**

Forma breve: **Salute – Armonia**

Passo 4

Coinvolgi nella meditazione tutto il corpo. Percepisci te stesso come un'unità inscindibile prima di tornare alle faccende della quotidianità. Ripeti mentalmente inspirando ed espirando:

Inspirando: **Prendo consapevolmente coscienza del mio corpo.**

Espirando: **Sorrido amorevolmente al mio corpo.**

Forma breve: **Percepire il corpo – Sorridere al corpo**

Regala al tuo corpo un sorriso e mantienilo tornando alle incombenze della vita quotidiana. Allungati e distenditi, poi contrai brevemente i muscoli prima di alzarti.

L'armonizzazione per il pancreas

Anche in questo caso è innanzitutto fondamentale trovare uno stato di raccoglimento interiore. Mentre inspiri, pensa al pancreas (forse riuscirai a visualizzarlo o a sentirlo mentalmente) ed espira producendo un suono.

Passo 1

Entra in sintonia con il tuo respiro. Ripeti mentalmente seguendo il ritmo della tua respirazione per 3-5 respiri:

Io inspiro. – Io espiro.
Forma breve: **Dentro – Fuori**

Passo 2

Inspirando lascia che l'aria confluisca nel pancreas. Espirando lascia risuonare il suono che si produrrà. Ripeti questa sequenza 3-4 volte.

Successivamente, rimani in silenzio per un paio di respiri e percepisci come ti senti e come si sente il pancreas. Appoggia le mani sul ventre e respira facendolo gonfiare e sgonfiare. Allungati e lascia il pancreas tornando a concentrarti prima su tutto il corpo e poi sulla quotidianità che ti circonda.

La visualizzazione per il pancreas

Innanzitutto concentrati sulla respirazione. Entra poi in contatto con il pancreas e inizia a visualizzare continuando a respirare a un ritmo normale.

Passo 1

Entra in sintonia con il tuo respiro. Ripeti mentalmente seguendo il ritmo della tua respirazione per 3-5 respiri:

Io inspiro. – Io espiro.

Forma breve: **Dentro – Fuori**

Passo 2

Entra in contatto con il pancreas. Lascia che questo contatto si intensifichi. Continua a respirare consapevolmente e pensa alla posizione e alle funzioni di questo organo.

Passo 3

Variante 1: visualizzazione depurativa

Immagina che dell'acqua sgorghi da una fonte guaritrice depurando e rivitalizzando dolcemente il pancreas. L'acqua ripulisce e porta via tutto ciò che inquina.

Variante 2: visualizzazione nutritiva

Immagina che il pancreas assorba un colore nutritivo e rinforzante. Se non riesci a visualizzare un colore, prova semplicemente a proporgliene uno e trova quello "giusto" in tutta tranquillità.

Dopo la visualizzazione rimani in tranquillità per alcuni respiri. Puoi anche appoggiare le mani sulle tempie. Lasciati trasportare ancora per un po' dal tuo respiro...

MILZA

La milza si trova sotto il diaframma, nel quadrante superiore sinistro del ventre accanto allo stomaco. È un organo particolarmente vascolarizzato. La milza serve a immagazzinare alcuni elementi del sangue e a sostenere la funzione del sistema immunitario; le cellule ematiche "vecchie" vengono rimosse dal sangue e gli agenti patogeni vengono riconosciuti ed espulsi grazie all'azione dei globuli bianchi.

Meditazione fisica per la milza

Come il pancreas, probabilmente anche la milza è poco considerata. Pertanto, prestale particolare attenzione per un po' di tempo, rinforzala grazie agli esercizi guaritori, parlale e regalale un sorriso.

Passo 1

Entra in sintonia con il tuo respiro. Ripeti mentalmente seguendo il ritmo della tua respirazione per 3-5 respiri:

Io inspiro. – Io espiro.
Forma breve: **Dentro – Fuori**

Passo 2

Calma e rilassa il tuo corpo. Ripeti mentalmente seguendo il ritmo della tua respirazione per ca. 5 respiri:

Inspirando:	**Calmo il mio corpo.**
Espirando:	**Rilasso il mio corpo.**
Forma breve:	**Calmare il corpo – Rilassare il corpo**

Passo 3

Rivolgiti alla milza. Prova a trovare la variante che più le piace, poi ripeti le frasi che hai scelto fintantoché provi una sensazione piacevole.

Variante 1: sorriso amorevole

Dona alla milza un sorriso amorevole. Lascia che il tuo volto si illumini di un sorriso autentico e ripeti mentalmente seguendo il ritmo della tua respirazione:

Inspirando:	**Saluto la milza.**
Espirando:	**Sorrido amorevolmente alla milza.**
Forma breve:	**Salutare la milza – Sorridere alla milza**

Variante 2: quiete e rilassamento

Permetti alla milza di trovare la quiete. Ripeti mentalmente seguendo il ritmo della tua respirazione:

Inspirando:	**Calmo la milza.**
Espirando:	**Rilasso la milza.**
Forma breve:	**Calmare la milza – Rilassare la milza**

Variante 3: rinforzo

Rinforza la funzione della milza. Ripeti mentalmente seguendo il ritmo della tua respirazione:

Inspirando:	**Prendo consapevolmente coscienza della mia milza.**
Espirando:	**Rinforzo l'attività della mia milza.**
Forma breve:	**Percepire la milza – Rinforzare la sua funzione**

Variante 4: salute e armonia

Lascia che la milza sia pervasa da salute e armonia. Ripeti mentalmente seguendo il ritmo della tua respirazione:

Inspirando: **La milza è in piena salute.**

Espirando: **La milza è in piena armonia.**

Forma breve: **Salute – Armonia**

Passo 4

Coinvolgi nella meditazione tutto il corpo. Percepisci te stesso come un'unità inscindibile prima di tornare alle faccende della quotidianità. Ripeti mentalmente inspirando ed espirando:

Inspirando: **Prendo consapevolmente coscienza del mio corpo.**

Espirando: **Sorrido amorevolmente al mio corpo.**

Forma breve: **Percepire il corpo – Sorridere al corpo**

Regala al tuo corpo un sorriso e mantienilo tornando alle incombenze della vita quotidiana. Allungati e distenditi, poi contrai brevemente i muscoli prima di alzarti.

L'armonizzazione per la milza

Anche in questo caso è innanzitutto fondamentale trovare uno stato di raccoglimento interiore. Mentre inspiri, pensa alla milza (forse riuscirai a visualizzarla o a sentirla mentalmente) ed espira producendo un suono.

Passo 1

Entra in sintonia con il tuo respiro. Ripeti mentalmente seguendo il ritmo della tua respirazione per 3-5 respiri:

Io inspiro. – Io espiro.
Forma breve: **Dentro – Fuori**

Passo 2

Inspirando lascia che l'aria confluisca nella milza. Espirando lascia risuonare il suono che si produrrà. Ripeti questa sequenza 3-4 volte.

Successivamente, rimani in silenzio per un paio di respiri e percepisci come ti senti e come si sente la milza. Appoggia le mani sul ventre e respira facendolo gonfiare e sgonfiare. Allungati e lascia la milza tornando a concentrarti prima su tutto il corpo e poi sulla quotidianità che ti circonda.

La visualizzazione per la milza

Innanzitutto concentrati sulla respirazione. Entra poi in contatto con la milza e inizia a visualizzare continuando a respirare a un ritmo normale.

Passo 1

Entra in sintonia con il tuo respiro. Ripeti mentalmente seguendo il ritmo della tua respirazione per 3-5 respiri:

Io inspiro. – Io espiro.
Forma breve: **Dentro – Fuori**

Passo 2

Entra in contatto con la milza. Lascia che questo contatto si intensifichi. Continua a respirare consapevolmente e pensa alla posizione e alle funzioni di questo organo.

Passo 3

Variante 1: visualizzazione depurativa

Immagina che dell'acqua sgorghi da una fonte guaritrice depurando e rivitalizzando dolcemente la milza. L'acqua ripulisce e porta via tutto ciò che inquina.

Variante 2: visualizzazione nutritiva

Immagina che la milza assorba un colore nutritivo e rinforzante. Se non riesci a visualizzare un colore, prova semplicemente a proporgliene uno e trova quello "giusto" in tutta tranquillità.

Dopo la visualizzazione rimani in tranquillità per alcuni respiri. Puoi anche appoggiare le mani sulle tempie. Lasciati trasportare ancora per un po' dal tuo respiro...

LASCIARE ANDARE

Lasciati andare, lasciati cadere sul fondo del tuo essere per entrare in contatto con la vita eterna.

RENI E VESCICA

L'organismo umano è dotato di due reni che hanno la forma di un fagiolo e si trovano a destra e a sinistra della colonna vertebrale all'altezza delle costole inferiori. La loro funzione è di filtrare dal sangue i prodotti di scarto del metabolismo e di produrre urina. Grazie a questo processo depurativo, i reni svolgono un compito vitale per il nostro corpo; inoltre regolano il contenuto di liquidi, l'equilibrio acido-base e la pressione sanguigna. La vescica raccoglie l'urina e la contiene fino alla sua espulsione tramite l'apparato urinario.

Meditazione fisica per reni e vescica

A volte sentiamo una sorta di peso sui reni: appoggia il dorso delle mani sui fianchi in corrispondenza di questi organi ed esercita una leggera pressione per permettere loro di rilassarsi. Puoi rinforzare la vescica ripetendo ogni tanto delle contrazioni e decontrazioni del pavimento pelvico.

Passo 1

Entra in sintonia con il tuo respiro. Ripeti mentalmente seguendo il ritmo della tua respirazione per 3-5 respiri:

Io inspiro. – Io espiro.

Forma breve: **Dentro – Fuori**

Passo 2

Calma e rilassa il tuo corpo. Ripeti mentalmente seguendo il ritmo della tua respirazione per ca. 5 respiri:

Inspirando: **Calmo il mio corpo.**

Espirando: **Rilasso il mio corpo.**

Forma breve: **Calmare il corpo – Rilassare il corpo**

Passo 3

Rivolgiti ai reni e alla vescica. Prova a trovare la variante che più piace loro, poi ripeti le frasi che hai scelto fintantoché provi una sensazione piacevole.

Variante 1: sorriso amorevole

Dona ai reni e alla vescica un sorriso amorevole. Lascia che il tuo volto si illumini di un sorriso autentico e ripeti mentalmente seguendo il ritmo della tua respirazione:

Inspirando: **Saluto reni e vescica.**

Espirando: **Sorrido amorevolmente a reni e vescica.**

Forma breve: **Salutare reni e vescica – Sorridere a reni e vescica**

Variante 2: quiete e rilassamento

Permetti ai reni e alla vescica di trovare la quiete. Ripeti mentalmente seguendo il ritmo della tua respirazione:

Inspirando: **Calmo reni e vescica.**

Espirando: **Rilasso reni e vescica.**

Forma breve: **Calmare reni e vescica – Rilassare reni e vescica**

Variante 3: sostegno

Sostieni la funzione depurativa dei reni. Ripeti mentalmente seguendo il ritmo della tua respirazione:

Inspirando: **Prendo consapevolmente coscienza dei reni.**

Espirando: **Sostengo l'attività depurativa dei reni.**

Forma breve: **Percepire i reni – Rinforzare la funzione renale**

Variante 4: rinforzo

Rinforza mentalmente la vescica. Ripeti mentalmente seguendo il ritmo della tua respirazione:

Inspirando: **Prendo consapevolmente coscienza della vescica.**

Espirando: **Rinforzo la vescica.**

Forma breve: **Percepire la vescica – Rinforzare la vescica**

Variante 5: salute e armonia

Lascia che i reni e la vescica siano pervasi da salute e armonia. Ripeti mentalmente seguendo il ritmo della tua respirazione:

Inspirando: **Reni e vescica sono in piena salute.**

Espirando: **Reni e vescica sono in piena armonia.**

Forma breve: **Salute – Armonia**

Passo 4

Coinvolgi nella meditazione tutto il corpo. Percepisci te stesso come un'unità inscindibile prima di tornare alle faccende della quotidianità. Ripeti mentalmente inspirando ed espirando:

Inspirando: **Prendo consapevolmente coscienza del mio corpo.**

Espirando: **Sorrido amorevolmente al mio corpo.**

Forma breve: **Percepire il corpo – Sorridere al corpo**

Regala al tuo corpo un sorriso e mantienilo tornando alle incombenze della vita quotidiana. Allungati e distenditi, poi contrai brevemente i muscoli prima di alzarti.

L'armonizzazione per reni e vescica

Anche in questo caso è innanzitutto fondamentale trovare uno stato di raccoglimento interiore. Mentre inspiri, pensa ai reni e alla vescica (forse riuscirai a visualizzarli o a sentirli mentalmente) ed espira producendo un suono.

Passo 1

Entra in sintonia con il tuo respiro. Ripeti mentalmente seguendo il ritmo della tua respirazione per 3-5 respiri:

Io inspiro. – Io espiro.

Forma breve: **Dentro – Fuori**

Passo 2

L'armonizzazione di questi due organi va eseguita distintamente poiché reni e vescica non si trovano sufficientemente vicini l'uno all'altra. Inspirando lascia che l'aria confluisca nell'organo a cui ti stai dedicando. Espirando lascia risuonare il suono che si produrrà. Ripeti questa sequenza 3 volte.

Successivamente, rimani in silenzio per un paio di respiri e percepisci come ti senti e come si sentono i reni e la vescica. Appoggia le mani sul ventre e respira facendolo gonfiare e sgonfiare. Allungati e lascia reni e vescica tornando a concentrarti prima su tutto il corpo e poi sulla quotidianità che ti circonda.

La visualizzazione per reni e vescica

Innanzitutto concentrati sulla respirazione. Entra poi in contatto con i reni e la vescica e inizia a visualizzare continuando a respirare a un ritmo normale.

Passo 1

Entra in sintonia con il tuo respiro. Ripeti mentalmente seguendo il ritmo della tua respirazione per 3-5 respiri:

Io inspiro. – Io espiro.
Forma breve: **Dentro – Fuori**

Passo 2

Entra in contatto con i reni e la vescica. Lascia che questo contatto si intensifichi. Continua a respirare consapevolmente e pensa alla posizione e alle funzioni di questi organi.

Passo 3

Se lo desideri, puoi praticare la visualizzazione in maniera distinta per ciascun organo. Prova e asseconda i segnali che ti invia l'organismo.

Variante 1: visualizzazione depurativa

Immagina che dell'acqua sgorghi da una fonte guaritrice depurando e rivitalizzando dolcemente i reni e la vescica. L'acqua ripulisce e porta via tutto ciò che inquina.

Variante 2: visualizzazione nutritiva

Immagina che i reni e la vescica assorbano un colore nutritivo e rinforzante. Se visualizzi due colori distinti pensando ai due organi, accoglili entrambi; altrimenti prova semplicemente a proporgliene uno e trova quello "giusto" in tutta tranquillità.

Dopo la visualizzazione rimani in tranquillità per alcuni respiri. Puoi anche appoggiare le mani sul ventre. Lasciati trasportare ancora per un po' dal tuo respiro...

ORGANI RIPRODUTTIVI

Gli organi riproduttivi esterni delle donne comprendono grandi e piccole labbra, clitoride e monte di Venere, mentre quelli interni sono rappresentati da ovaie, tube di Falloppio, utero e vagina. L'interazione di ormoni diversi permette la maturazione di ovuli all'interno delle ovaie con una cadenza di circa 28 giorni a partire dalla pubertà fino alla menopausa.

Gli organi riproduttivi maschili comprendono il pene, lo scroto, i testicoli, l'epididimo e la prostata. I due testicoli, il cui sviluppo inizia con la pubertà, sono contenuti nello scroto e hanno l'importante funzione di produrre spermatozoi che, durante la fase di eiaculazione, vengono espulsi verso l'esterno attraverso l'uretra.

Meditazione fisica per gli organi riproduttivi

Prendi coscienza degli organi che fanno parte di questo gruppo e riserva loro dei pensieri amorevoli. Rifletti sull'enorme gioia che donano alle persone.

Passo 1

Entra in sintonia con il tuo respiro. Ripeti mentalmente seguendo il ritmo della tua respirazione per 3-5 respiri:

Io inspiro. – Io espiro.
Forma breve: **Dentro – Fuori**

Passo 2

Calma e rilassa il tuo corpo. Ripeti mentalmente seguendo il ritmo della tua respirazione per ca. 5 respiri:

Inspirando:	**Calmo il mio corpo.**
Espirando:	**Rilasso il mio corpo.**
Forma breve:	**Calmare il corpo – Rilassare il corpo**

Passo 3

Rivolgiti agli organi riproduttivi. Prova a trovare la variante che più piace loro, poi ripeti le frasi che hai scelto fintantoché provi una sensazione piacevole.

Gli esercizi che seguono sono descritti per l'intero gruppo degli organi riproduttivi. Tuttavia, puoi anche dedicarti ai singoli organi eseguendo per ciascuno di essi un esercizio mirato. Per esempio:

Inspirando: **Saluto l'utero/la prostata.**

Espirando: **Sorrido amorevolmente all'utero/alla prostata.**

Forma breve: **Salutare l'utero/la prostata – Sorridere all'utero/alla prostata**

Variante 1: sorriso amorevole

Dona agli organi riproduttivi un sorriso amorevole. Lascia che il tuo volto si illumini di un sorriso autentico e ripeti mentalmente seguendo il ritmo della tua respirazione:

Inspirando: **Saluto gli organi riproduttivi.**

Espirando: **Sorrido amorevolmente agli organi riproduttivi.**

Forma breve: **Salutare gli organi riproduttivi – Sorridere agli organi riproduttivi**

Variante 2: quiete e rilassamento

Permetti agli organi riproduttivi di trovare la quiete. Ripeti mentalmente seguendo il ritmo della tua respirazione:

Inspirando:	**Calmo gli organi riproduttivi.**
Espirando:	**Rilasso gli organi riproduttivi.**
Forma breve:	**Calmare gli organi riproduttivi – Rilassare gli organi riproduttivi**

Variante 3: rinforzo

Rinforza la funzione degli organi riproduttivi. Ripeti mentalmente seguendo il ritmo della tua respirazione:

Inspirando:	**Prendo consapevolmente coscienza degli organi riproduttivi.**
Espirando:	**Rinforzo la funzione degli organi riproduttivi.**
Forma breve:	**Percepire gli organi riproduttivi – Rinforzare la loro funzione**

Variante 4

Lascia che gli organi riproduttivi siano pervasi da salute e armonia. Ripeti mentalmente seguendo il ritmo della tua respirazione:

Inspirando: **Gli organi riproduttivi sono in piena salute.**

Espirando: **Gli organi riproduttivi sono in piena armonia.**

Forma breve: **Salute – Armonia**

Passo 4

Coinvolgi nella meditazione tutto il corpo. Percepisci te stesso come un'unità inscindibile prima di tornare alle faccende della quotidianità. Ripeti mentalmente inspirando ed espirando:

Inspirando: **Prendo consapevolmente coscienza del mio corpo.**

Espirando: **Sorrido amorevolmente al mio corpo.**

Forma breve: **Percepire il corpo – Sorridere al corpo**

Regala al tuo corpo un sorriso e mantienilo tornando alle incombenze della vita quotidiana. Allungati e distenditi, poi contrai brevemente i muscoli prima di alzarti.

L'armonizzazione per gli organi riproduttivi

Anche in questo caso è innanzitutto fondamentale trovare uno stato di raccoglimento interiore. Mentre inspiri, pensa agli organi riproduttivi (forse riuscirai a visualizzarli o a sentirli mentalmente) ed espira producendo un suono.

Passo 1

Entra in sintonia con il tuo respiro. Ripeti mentalmente seguendo il ritmo della tua respirazione per 3-5 respiri:

Io inspiro. – Io espiro.
Forma breve: **Dentro – Fuori**

Passo 2

Inspirando lascia che l'aria confluisca negli organi riproduttivi. Espirando lascia risuonare il suono che si produrrà. Ripeti questa sequenza 3-6 volte.

Successivamente, rimani in silenzio per un paio di respiri; se ti fa piacere, concentrati consapevolmente ancora una volta su ciascun organo appartenente a questo gruppo e percepisci come ti senti e come si sentono i vari organi. Appoggia le mani sul ventre e respira facendolo gonfiare e sgonfiare. Allungati e lascia gli organi riproduttivi tornando a concentrarti prima su tutto il corpo e poi sulla quotidianità che ti circonda.

La visualizzazione per gli organi riproduttivi

Innanzitutto concentrati sulla respirazione. Entra poi in contatto con gli organi riproduttivi e inizia a visualizzare continuando a respirare a un ritmo normale.

Passo 1

Entra in sintonia con il tuo respiro. Ripeti mentalmente seguendo il ritmo della tua respirazione per 3-5 respiri:

Io inspiro. – Io espiro.
Forma breve: **Dentro – Fuori**

Passo 2

Entra in contatto con gli organi riproduttivi. Lascia che questo contatto si intensifichi. Continua a respirare consapevolmente e pensa alla posizione e alle funzioni di ciascun organo.

Passo 3

Variante 1: visualizzazione depurativa

Immagina che dell'acqua sgorghi da una fonte guaritrice depurando e rivitalizzando dolcemente gli organi riproduttivi. L'acqua ripulisce e porta via tutto ciò che inquina. Prenditi del tempo poiché ti stai dedicando a più organi; tuttavia, continua ad affrontare la visualizzazione in modo giocoso e con leggerezza.

Variante 2: visualizzazione nutritiva

Immagina che gli organi riproduttivi assorbano un colore nutritivo e rinforzante. Se non riesci a visualizzare spontaneamente un colore, prova semplicemente a proporgliene uno e trova quello "giusto" in tutta tranquillità.

Dopo la visualizzazione rimani in tranquillità per alcuni respiri. Puoi anche appoggiare le mani sul corpo. Lasciati trasportare ancora per un po' dal tuo respiro...

L'amore come forza guaritrice

Amati, ama il tuo corpo, ama i tuoi organi. Nutri i tuoi organi e trattali come tratteresti una persona a te cara. Se ti sembra strano, rifletti sull'armonia positiva che si crea attorno a te quando regali il tuo amore incondizionatamente, sul bene che ti ritorna quando comunichi gioia e sulla sensazione di benessere che provi quando trascorri la giornata in piena serenità. L'amore e la gioia che regali agli altri puoi indirizzarla anche verso l'interno del tuo corpo creando un'armonia positiva anche dentro di te. Sorridi ai tuoi organi e loro ricambieranno il sorriso.

AMORE

Amati, nutri la luce nel tuo cuore e sarai un faro per gli altri.

Altri viaggi attraverso il corpo

Viaggio attraverso il corpo con il sorriso sulle labbra

L'esercizio di meditazione che segue è un viaggio attraverso tutto il corpo alla volta dei tuoi organi. Ogni tanto prenditi del tempo per compiere questo viaggio, per salutare gli organi e donare loro un sorriso. L'effetto sarà particolarmente stimolante o rilassante. Potrai compiere il viaggio anche a tappe, per esempio dedicandoti a un gruppo di organi per un giorno e ad altri il giorno seguente. Oppure potrai suddividere il viaggio in fasi diverse da compiere una al mattino e una alla sera. L'importante è solamente che al termine dell'esercizio ti rivolga sempre a tutto il corpo per sentirti nuovamente un'unità inscindibile e poter tornare alla quotidianità con positività.

Innanzitutto entra in sintonia con il tuo respiro. Ripeti mentalmente seguendo il ritmo della tua respirazione per 3-5 respiri:

Io inspiro. – Io espiro.

Forma breve: **Dentro – Fuori**

Ora inizia il viaggio. Parti dal cervello e prosegui verso il basso verso la vescica. Ogni volta pensa amorevolmente a ciascun organo; lascia che un sorriso sincero illumini il tuo volto e permetti all'energia che ne scaturirà di diffondersi nei tuoi organi. Dopo i primi due organi, ti indicherò solo la forma breve; potrai scegliere liberamente se continuare a ripetere le frasi complete o se passare a questa forma. Per ogni organo, ripeti mentalmente seguendo il ritmo della tua respirazione:

Inspirando: **Saluto il cervello.**

Espirando: **Sorrido amorevolmente al cervello.**

Forma breve: **Salutare il cervello – Sorridere al cervello**

Inspirando: **Saluto gli occhi.**

Espirando: **Sorrido amorevolmente agli occhi.**

Forma breve: **Salutare gli occhi – Sorridere agli occhi**

Forma breve: **Salutare la tiroide – Sorridere alla tiroide**

Forma breve: **Salutare bronchi e polmoni – Sorridere a bronchi e polmoni**

Forma breve: **Salutare il cuore – Sorridere al cuore**

Forma breve: **Salutare l'esofago – Sorridere all'esofago**

Forma breve: **Salutare lo stomaco – Sorridere allo stomaco**

Forma breve: **Salutare fegato e cistifellea – Sorridere a fegato e cistifellea**

Forma breve: **Salutare milza e pancreas – Sorridere a milza e pancreas**

Forma breve: **Salutare i reni – Sorridere ai reni**

Forma breve: **Salutare l'intestino – Sorridere all'intestino**

Forma breve: **Salutare gli organi riproduttivi – Sorridere agli organi riproduttivi**

Forma breve: **Salutare la vescica – Sorridere alla vescica**

Al termine del viaggio torna a essere un'unità inscindibile prima di tornare alla quotidianità. Ripeti mentalmente seguendo il ritmo della tua respirazione:

Inspirando: **Sorrido al mio corpo.**

Espirando: **Sorrido alla mia essenza.**

Forma breve: **Sorridere al corpo – Sorridere a me stesso**

Dopo l'esercizio rimani in tranquillità per alcuni respiri e goditi l'energia del sorriso. Probabilmente questo viaggio attraverso il corpo ti avrà fatto notare un organo particolare che avrà attirato la tua attenzione; rivolgiti a quell'organo con maggior intensità. Ricorri agli esercizi che ho presentato in questo libro e che riguardano l'organo al quale hai deciso di dedicarti e prenditi del tempo per eseguirli con amorevole dedizione.

Un sorriso per le cellule e il sistema immunitario

Normalmente, il corpo, le cellule e il sistema immunitario sanno come mantenere in salute il nostro organismo. Tuttavia, un sorriso guaritore può rinforzarne l'efficienza e aumentare la fiducia nel nostro corpo.

Innanzitutto entra in sintonia con il tuo respiro. Ripeti mentalmente seguendo il ritmo della tua respirazione per 3-5 respiri:

Io inspiro. – Io espiro.

Forma breve: **Dentro – Fuori**

Sorridi alle tue cellule. Ripeti mentalmente seguendo il ritmo della tua respirazione:

Inspirando:	**Saluto le mie cellule.**
Espirando:	**Sorrido amorevolmente alle mie cellule.**
Forma breve:	**Salutare le cellule – Sorridere alle cellule**

Saluta sorridendo il tuo sistema immunitario. Ripeti mentalmente seguendo il ritmo della tua respirazione:

Inspirando: **Saluto il mio sistema immunitario.**

Espirando: **Sorrido amorevolmente al mio sistema immunitario.**

Forma breve: **Salutare il sistema immunitario – Sorridere al sistema immunitario**

Infine, rimani ancora per un po' avvolto dall'energia del sorriso che hai rivolto alle cellule e al sistema immunitario. Lasciati trasportare dal tuo respiro e avverti il ritmo della respirazione.

Prendere in mano gli organi

Innanzitutto entra in sintonia con il tuo respiro e rimani concentrato sulla respirazione per un paio di minuti mentre prendi coscienza della posizione dei vari organi. Infine, immagina di prendere in mano a uno a uno i tuoi organi interni; l'effetto potrà essere calmante o stimolante e rinvigorente a seconda delle intenzioni che ti sei posto. Se soffri di qualche patologia, puoi anche trasmettere all'organo interessato energia guaritrice; l'importante è prendere coscienza dell'intenzione che vuoi perseguire prima di iniziare l'esercizio. Immagina di tenere in mano l'organo finché lo desideri, infine lascia che questa immagine svanisca dolcemente. Mantieni la quiete ancora per qualche respiro e percepisci l'effetto su di te e sull'organo al quale ti sei dedicato.

Dialogo con gli organi

Parla con i tuoi organi, scegli parole che trasmettano una forza amorevole esprimano gratitudine e premura diventando una benedizione per gli organi. Se lo desideri, puoi immaginarti ciascun organo con una forma diversa, anche di pura fantasia, attribuiscigli un volto e una voce per rendere più "spontanea" la comunicazione. Se non riesci o non ti piace l'idea di dare una forma agli organi, concentrati sulla respirazione e sprofonda nel tuo corpo in piena consapevolezza.

Esempio (tiroide):

Cara tiroide,

ti ringrazio per tutto quello che hai fatto e per tutto quello che ancora fai per me, per il mio benessere fisico e psicologico dal momento in cui sono nato. Mi dispiace se emozioni ostili e pensieri distruttivi ti hanno inquinato o continuano a farlo. Non lasciarti influenzare da queste negatività; al contrario, lasciati pervadere dalla forza guaritrice dell'amore. Permetti alle forze guaritrici di farti del bene e sii benedetta in salute e armonia.

Fase precedente e successiva a visite mediche, interventi chirurgici e operazioni

Spesso le visite mediche, gli interventi chirurgici e le operazioni rappresentano un'esperienza traumatica per il nostro corpo. Oltre a reazioni fisiche come dolori e disfunzioni transitorie di alcuni organi, possono emergere anche disturbi sul piano energetico ed emozionale che, nel peggiore dei casi, si cronicizzano e lasciano conseguenze negative sul corpo indebolendo la funzionalità degli organi, causando dolori o altre irritazioni. Pertanto è importante preparare noi stessi e l'organo coinvolto all'evento traumatico spiegandogli come si svolgerà l'intervento e quali benefici ne trarrà per la sua salute. Tuttavia, innanzitutto consiglio di eseguire alcuni esercizi di meditazione degli organi per infondere in questi ultimi amore e fiducia:

Esempio (intestino):

entra in sintonia con il tuo respiro. Ripeti mentalmente seguendo il ritmo della tua respirazione:

Io inspiro. – Io espiro.

Calma e rilassa il corpo, poi ripeti mentalmente seguendo il ritmo della tua respirazione:

Inspirando: **Calmo il corpo.**

Espirando: **Rilasso il corpo.**

Pensa amorevolmente all'intestino, poi ripeti mentalmente seguendo il ritmo della tua respirazione:

Inspirando: **Il mio intestino è pieno d'amore.**

Espirando: **Il mio intestino è pieno di fiducia.**

Infine, entra in comunicazione con l'organo coinvolto come descritto nel paragrafo "Dialogo con gli organi" (vedi pagina 127). Chiedi all'organo di essere ben disposto e pronto alla visita, all'intervento o all'operazione.

Anche nella fase successiva un dialogo armonizzante con l'organo può essere utile. Chiedi al tuo organo di cosa ha bisogno per guarire completamente: rimarrai stupito di ricevere una risposta vera! Potrebbero essere delle parole, una sensazione o un'emozione; potrebbero palesarsi già durante il dialogo o in un momento successivo, per esempio durante la meditazione. Anche in questo caso ti consiglio di spiegare all'organo il motivo e i benefici dell'intervento e di rassicurarlo sul buon esito dell'operazione. In questo modo, il tuo organo tornerà a nutrire la stessa fiducia che aveva in precedenza. Ringrazialo di aver acconsentito all'intervento. Infine, ti consiglio di praticare la meditazione degli organi per un periodo sufficientemente lungo da colmare l'organo di amore e armonia.

Esempio (intestino):

entra in sintonia con il tuo respiro. Ripeti mentalmente seguendo il ritmo della tua respirazione:

Io inspiro. – Io espiro.

Calma e rilassa il corpo, poi ripeti mentalmente seguendo il ritmo della tua respirazione:

Inspirando: **Calmo il corpo.**
Espirando: **Rilasso il corpo.**

Pensa all'intestino con gratitudine, poi ripeti mentalmente seguendo il ritmo della tua respirazione:

Inspirando:	**Il mio intestino è pieno d'amore.**
Espirando:	**Il mio intestino è pieno di armonia.**

Come dopo gli altri esercizi, rimani ancora un po' in piena tranquillità e percepisci gli effetti benefici. Come si sente l'organo al quale ti sei dedicato? Che cosa vuole comunicarti? Come ti senti dopo questo esercizio? Che effetto ha questa attenzione su te stesso e sul tuo organo?

Sostegno per le cellule

Per coinvolgere consapevolmente anche le cellule in un processo di guarigione, ti propongo di seguito un esercizio per sostenerle e armonizzarle.

Entra in sintonia con il tuo respiro. Ripeti mentalmente seguendo il ritmo della tua respirazione:

Io inspiro. – Io espiro.

Colma le tue cellule di salute e armonia; ripeti mentalmente seguendo il ritmo della tua respirazione:

Inspirando:	**Tutte le cellule sono in piena salute.**
Espirando:	**Tutte le cellule sono in piena armonia.**

Esempio (vescica):

Variante 1: salute e armonia per le cellule di un organo specifico

Ripeti mentalmente seguendo il ritmo della tua respirazione:

Inspirando: **Ogni cellula della mia vescica è in piena salute.**

Espirando: **Ogni cellula della mia vescica in piena armonia.**

Questo tipo di preparazione a interventi e operazioni può essere applicato anche ad altri ambiti; per esempio, prima dell'estrazione di un dente puoi comunicargli la tua più profonda riconoscenza e visualizzare l'estrazione stessa. Oppure puoi stimolare la guarigione di una ferita visualizzandone il processo o prepararti a un prelievo di sangue o a una flebo chiedendo alle tue vene di permettere all'infermiere un accesso facile e rispettoso. In questo modo non si spaventeranno dell'ago e non si irrigidiranno o ritireranno rendendo l'esperienza difficoltosa (e dolorosa).

Gestisci le tue capacità psicologiche con la libertà che desideri. Sostieni il tuo corpo. Sicuramente ti verranno in mente altre possibilità: sperimentale e non aver paura di dare libero sfogo alla tua fantasia. La tua capacità di immaginazione è una delle forze psicologiche più potenti che puoi sfruttare per guarire.

Esercizio base per la salute e l'armonia

Qualsiasi intervento o operazione non coinvolge solamente gli organi, ma il corpo nella sua totalità; pertanto, ti propongo il seguente esercizio base che potrai eseguire in qualunque momento per raggiungere e mantenere una salute complessiva dell'organismo. Questa meditazione ti permetterà di alimentare tutto il corpo con pensieri guaritori donandogli vibrazioni benefiche sia durante una malattia, sia quando sei in piena salute.

Entra in sintonia con il tuo respiro. Ripeti mentalmente seguendo il ritmo della tua respirazione:

Io inspiro. – Io espiro.

Colma il tuo corpo di salute e forza vitale; ripeti mentalmente seguendo il ritmo della tua respirazione:

Inspirando: **Sono in piena salute.**
Espirando: **Sono pieno di forza vitale.**

Colma il tuo corpo di amore e armonia; ripeti mentalmente seguendo il ritmo della tua respirazione:

Inspirando: **Sono pieno d'amore.**

Espirando: **Sono in piena armonia.**

Infine, rimani avvolto dall'energia della salute, della forza vitale, dell'amore e dell'armonia per tutto il tempo che desideri.

Esercizio base per la depurazione e la forza

La salute e il benessere passano anche per la depurazione del corpo e dell'organismo, senza dimenticare l'importanza fondamentale delle emozioni, dei pensieri e dell'energia. Il seguente esercizio può avere un potente effetto benefico, depurativo e rinforzante.

Entra in sintonia con il tuo respiro. Ripeti mentalmente seguendo il ritmo della tua respirazione:

Io inspiro. – Io espiro.

Dona al tuo corpo forza e depurazione; ripeti mentalmente seguendo il ritmo della tua respirazione:

Inspirando: **Rinforzo il mio corpo.**
Espirando: **Depuro il mio corpo.**

Dona al tuo organismo forza e depurazione; ripeti mentalmente seguendo il ritmo della tua respirazione:

Inspirando: **Rinforzo il mio organismo.**
Espirando: **Depuro il mio organismo.**

Praticando questo esercizio immagina di essere sotto a una doccia depurativa che lava via dall'organismo tutto ciò che lo inquina e appesantisce (sia superficialmente sia in profondità) eliminandolo attraverso l'acqua.

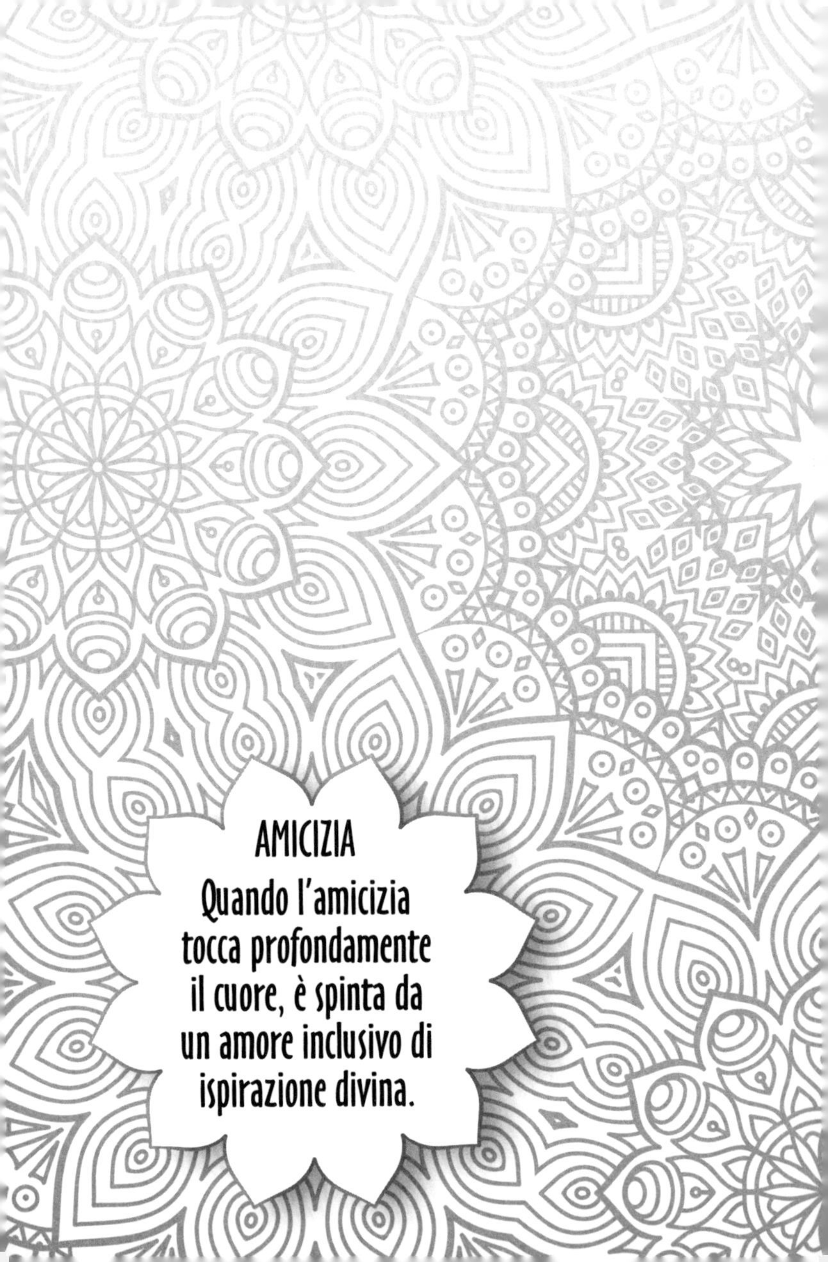

AMICIZIA

Quando l'amicizia tocca profondamente il cuore, è spinta da un amore inclusivo di ispirazione divina.

Considerazioni conclusive

Cara lettrice, caro lettore,

gli esercizi che ti ho proposto in questo libro ti permetteranno di fare amicizia con te stesso, con il tuo corpo e i tuoi organi. Alimenterai la gioia dentro di te donando amore agli organi ed energia vitale e guaritrice a te stesso e al tuo corpo.

Spero che, grazie a questi esercizi, anche tu stringerai un'amicizia particolare che dimostrerà la sua importanza soprattutto nei periodi difficili; questi periodi ricorrono periodicamente, perché il corpo umano è una struttura meravigliosa ma estremamente complessa e sensibile, con qualche debolezza. Ciascuno ha il proprio punto debole fisico. Mi riempie di gioia sapere che questi esercizi sono adatti anche a persone con difficoltà fisiche e possono essere svolti sia durante una patologia sia in caso di disabilità permanenti. Il corpo umano è sottoposto al processo di invecchiamento, e proprio per questo è un tesoro inestimabile per il quale dobbiamo essere grati.

Tuttavia, noi siamo molto di più del nostro corpo: gli esercizi che ti ho proposto fanno ricorso proprio a questo "più", a questa forza spirituale, per aiutare i nostri organi a trovare l'armonia e una salute migliore che, in ultima analisi, sfociano in un maggior benessere di tutto il nostro organismo. Se alimentiamo e ci prendiamo cura dei nostri organi in questo modo, proiettiamo il nostro corpo verso la luce. Questo viaggio dentro e attraverso il nostro corpo può diventare un profondo viaggio verso noi stessi.

Spero che questo libro ti abbia dato l'ispirazione per prenderti cura dei tuoi organi con consapevolezza e amore. Mi auguro che i miei consigli di viaggio ti siano stati utili per riscoprire te stesso e ti ringrazio per la possibilità che mi hai offerto di condividere con te questi esercizi e le mie esperienze.

Hilda Nowotny

Insegnante di tecniche di respirazione

Ringraziamenti

Ringrazio di cuore mio marito, Werner Nowotny, per la fiducia che ha riposto in questi esercizi. Leggendo il manoscritto si è dedicato con gioia ai suoi organi interni ed è ricorso con grande efficacia a questa meditazione durante una grave crisi di salute. Ringrazio sentitamente la mia amica Veronika Langbein che, grazie alle sue competenze mediche, mi ha dato un enorme aiuto a descrivere in modo riassuntivo, semplice e comprensibile la posizione e la funzione dei diversi organi. Ringrazio con tutto il cuore anche il defunto Hans Wüste, che mi ha aperto la porta verso le mie forze guaritrici interiori e mi ha permesso di trovare un contatto diretto con il mio angelo. Ringrazio la mia famiglia per avermi sempre dato amore e avermi spronato a continuare il mio lavoro, e i miei aiutanti, insegnanti e il mio angelo per avermi accompagnato e ispirato durante il mio avvincente viaggio attraverso la vita. Tutti loro mi hanno donato la straordinaria possibilità di crescere, di maturare e di diventare la persona che essenzialmente sono. Ringrazio ancora la dott.ssa Janina Vogel della casa editrice Schirner Verlag per la collaborazione rispettosa e attenta.

Nota sull'autrice

Hilda Nowotny ha seguito una formazione da pedagoga e terapeuta del respiro. Le intense esperienze personali e i continui corsi di aggiornamento in psicanalisi, costellazioni familiari, gestione del lutto e PNL le hanno permesso di ampliare le sue conoscenze; tuttavia, la sua attenzione personale e professionale si concentra da sempre sulla "respirazione guaritrice".

www.heilsames-atmen.de

Potete richiedere il catalogo gratuito delle nostre pubblicazioni
Edizioni Il Punto d'Incontro, Via Zamenhof 685,
36100 Vicenza, Tel. 0444239189, Fax 0444239266
www.edizionilpuntodincontro.it